JN409873

마라톤 풀코스 42.195km

200회 완주 기념 시집

내시가 된 고양이

신성범 지음

여행마인드

시인의 말

'내시가 된 고양이'는 나의 첫 시집이다. 본격적인 시작(詩作)을 시작한지 1년 만에 첫 시집을 내고 보니 실로 감개무량하다. 이 시집에는 총 200편의 시(詩)가 실려 있다. 그 의미는 나의 마라톤 풀코스 200회 완주를 기념하기 위함이다. 시와 마라톤은 서로 관계가 없다고 볼 수 있지만 그렇지 않다. 적어도 나에게 마라톤은 시를 쓰기 위한 좋은 계기가 된다. 42.195 km라는 긴 거리를 달리면서 주위에서 보고 듣고 느끼는 감정은 시의 좋은 소재가 된다. 이 시집에도 내가 마라톤을 하면서 느낀 감정을 담은 시가 여러 편 있다.

나는 시를 쓰기 위해서 여러 시인들의 시집을 읽어 보았다. 좋은 시라고 소개된 현대시들은 산문에 가깝게 쓴 시들이 많았다. 시가 너무 길고 난해했다. 과거에 내가 접했던 시들은 서정시였고 낭만시였다. 이런 시들은 읽고 이해하는데 어려움이 없었다. 하지만 오늘날 젊은 시인들의 현대시는 읽어도 무슨 뜻이지 모를 만큼 어려웠다. 시를 어렵게 쓸 필요가 있을까. 나는 누구나 읽고 쉽게 이해할 수 있는 시를 써야겠다고 마음먹었다. 나는 대한민국 역대 시인 중 김소월을 가장 좋아한다. 내가 소월의 시를 좋아하는 이유는 그의 시가 서정적이고 민요적이며 읽기 쉽기 때문이다. 그의 시는 대한민국 국민이 가장 애송하는 시이다. '진달래꽃, 산유화, 엄마야 누나야, 초혼' 등 소월의 시를 한 번도 읽어보지 않은 대한민국 국민은 아마도 없을 것이다.

이번에 출간하게 된 나의 첫 시집은 난해한 시가 하나도 없다고 자부한다. 시가 길지 않고 누구나 읽어도 쉽게 이해할 수 있도록 썼다. 나의 이번 시집 출간은 아버지이신 신보성 시인의 영향이 컸다. 아버지께서는 정년퇴임 후 늦게 시를 쓰기 시작하셔서 '자유인, 세월이 흘러도, 들불, 기적' 등 4권의 시집을 출간하셨다. 그리고 현재도 왕성하게 시작 활동을 하고 계신다.

끝으로 이번 시집 출간을 위해 여러모로 애써 주신 여행마인드 신수근 사장님께 감사드린다. 신수근 사장님께서 시집 출간을 망설이는 나에게 용기와 격려를 주셔서 이 시집이 세상에 빛을 볼 수 있게 되었다.

2013년 10월

시인 **신 성 범**

차례

제1부

제 2 부

제 3 부

제 4 부

제1부

저는요

저는요
시인입니다
시를 사랑하고 시를 쓰는

저는요
소설가입니다
소설을 좋아하고 소설을 쓰는

저는요
마라토너입니다
마라톤을 즐기고 마라톤을 하는

저는요
카마스터입니다
자동차를 소개하고 자동차를 판매하는

저는요
기아자동차 교대역지점
영업차장 신성범입니다

변해가는 아이들

나무에 새순이 돋듯이
아이들은 새롭다
하루가 다르게 변해가는 꽃잎처럼
아이들의 몸도 변한다
몸에서 일어나는 변화
얼마나 자랐을까
어제 재 본 키가
하루 만에 달라졌을까
하루가 열흘이 되고
한 달이 되면
변해가는 아이들
벌써 엄마를 넘고
아빠를 넘어섰다

산 친구

주먹밥 참외 한 조각이라도
나눠먹는 정
피 한 방울 섞이지 않은
우리는 형제다
땀 흘리고 오른 산등성
앞으로 가야할 길이
까마득한데
말동무 길동무 되어
함께 하면 힘들어도
힘들지 않다
쉴 때 같이 쉬어주고
밀어주고 끌어주고
산에서 사귄
우리는 산 친구다

버스맨

버스는 움직이는 사무실
고객을 부르는 사무실
버스 외관은 대형 간판
대한민국 최초의 움직이는 영업소
TV, 컴퓨터, 냉장고, 싱크대
샤워실, 침대, 소파, 책걸상, 탁자
완벽한 오피스텔
최초의 영업소장은 버스맨
버스의 일인 지배자
근사한 사무실은
개업식도 못하고
싸늘하게 식어갔다
찾아오는 손님 없으니
개점휴업
버스맨은 이름뿐
잊혀져간 추억이 되었다

우리 내기할까

우리 내기할까
서로 간에 이견이 있다면
서로 잘 났다고 우긴다
이 때 잘하는 말
우리 내기할까

서로가 자신 있을 때 하는
우리 내기할까
그래 네가 이기냐 내가 이기냐
한 번 확인해 보자

우리 내기할까
상대방의 심리를 노리는 작전
대한민국 축구할 때
대통령 선거할 때
총선 결과 맞출 때
자주하는 레파토리

우리 내기할까

외모

50대가 90대 노인 행세를 했다고
어느 방송에 나왔다
88세 전국노래자랑 진행자 송해 보고
거침없는 반말로 나이 자랑하던 이
알고 보니 50대 후반
이 다 빠지고 허연 백발
구부저한 허리
어눌한 말투가 영락없는 90대

80대 후반 송해가 형님이라
부를 정도로 변한 늙은 외모
50대가 90대가 될 만큼
외모는 모른다
외모는 가꾸어 진다
정원수를 가꾸듯
화장을 하듯
꾸미기에 따라 변하는 나이
10년 20년 꾸미기에 따라
훌쩍 변하는 것

대머리

대머리도 머리털이 있다
앞머리 가운데 머리 다 없어도
뒷머리는 많이 있다
뒷머리 빠진 완전 대머리
밀어서 된 대머리가 아니라
자연적으로 빠져서 된 대머리
그런 대머리 눈 씻고 찾아봐도 없다

머리털 한 올 한 올 소중한 것
대머리가 되어서야
뒷머리 있다는 것에 안도 한다
어차피 앞머리 가운데 머리
없어서 나지 않는데
그나마 있는 뒷머리 너무도 반갑다

대머리라 불러도
뒷머리라도 있으니
이발소 미장원 간다
대머리 이발비 할인 안되고
그대로 칠천원
뒷머리만 손질해도 되는데
대머리 이발료
바겐세일은 언제나 하려나

마라톤 공화국

마라톤 공화국 대통령은
자격이 있다
국민이 선택한 대통령은
마라톤을 잘 해야 한다
마라톤 공화국 국민은
모두가 마라토너
그 나라 다스리는 대통령은
마라톤을 가르치는 감독
감독이 마라톤을 모르면
선장 없는 유람선
마라톤 공화국 대통령은
서브-3 주자다
적어도 마라톤을 잘 한다는
커트라인은 통과해야
마라톤 공화국 대통령이다

골동품 차

중고차 한 대 팔아주소
1991년산 프라이드
아주 잘 나가는 차
연비 좋고 고장 없고
22년을 달려온 차
폐차하면 고물 값
골동품 값은 금 값

골동품으로 팔면
부르는 게 값이라지
22년은 너무 짧아
44년은 되어야지
10년 되어도 폐차하는 차
22년 탔으면 골동품 아닌가
어이 모르는 소리
76년산 포니가 다니는데

콩국수

우유빛깔 국물에
쫄깃쫄깃 면발
시원한 국물
그 맛이 일품이다

한여름 제대로
즐기는 바로 그 맛
어머니 손 맛
입안 가득 번진다

후루룩 올라오는
실타래처럼
길게 풀어진
면발은 여름이다

시원할수록
맛이 우러나오는
구수한 냄새가
입맛을 돋군다

아내

아내는 새침때기
알면서도 모르는 척
아내는 변덕쟁이
아침에 웃다가
저녁에 운다
아내는 흔들리는 갈대
시시각각 변하는 마음
지조가 없는 것일까
기분에 따라 이랬다 저랬다
어느 장단을 맞출까
이래도 시큰둥
저래도 시큰둥
이러면 흥
저러면 흥
역시 아내는 여자야

어머니의 기도

일이 뜻대로 안되면
기도 하세요
진심으로 빌어보세요
기도하면 잘 될까요
수능 앞둔 수험생 어머니
백일을 꼬박
아들 위한 기도
그 마음 아들에게 통했을까
지성이면 감천이라 했던가
지푸라기라도 잡고 싶은 심정
아들 위해서라면
내 한 몸 희생할 각오
기도하는 어머니 마음
아들 잘 되라고
손이 발이 되도록
빌고 또 빈다

한강

한강은 서울을 품고
길게 흐른다
강남과 강북으로 나눠서
서울의 심장이다
매일같이 유람선이 노닐고
새들이 헤엄을 친다
휘황찬란한 네온사인
밤마다 펼쳐지는 도심 콘서트
잔디밭은 아이들 천국
분수대는 아이들 수영장이다
분출하는 물줄기는
개구쟁이 아이들 놀이동산
피서지가 따로 없다
이보다 더 좋을 수 없다

백선엽

한국전쟁의 영웅
맥아더가 아닌 백선엽
종횡무진 전쟁터를 누빈
대한민국 최초 사성장군
32살 젊은 나이
육군대장 6.25의 산증인

93세 나이에도
꿋꿋한 기상으로
군인의 기백을 보여준
노장군의 눈매는 살아있다
전쟁터를 호령한 젊은 기백은
세월과 함께 사라졌다 해도
또렷한 눈망울은
60여 년 전 전쟁을
되새긴다

말기 간암 환자

죽는 날 받아 둔
말기 간암 환자
사십대 젊은 나이
젊은 부인 어린 아들
눈앞에 아른거리는데

살려고 발버둥 쳐봐도
몸속 깊이 파고든 암세포
항암치료로 홀쭉해진 얼굴
배만 볼록
누런 눈동자
초점 잃은 눈망울

죽는 날 받아 둔
그 심경
수술대 위에서
한 가닥 희망 부르지만
며칠 후 날아온 부고장
그렇게 인생은 덧없이
가는 거야
시간만 다를 뿐
너도 나도 가는 거야

요지경 세상만사

살다보면 별의 별 일 다 있는
요지경 세상
상상도 못했던 일이 펼쳐지는
세상만사 요지경
남자가 여자 되고
여자가 남자 되는 세상
세상만사 내 뜻대로 된다면
황금 송아지 키울 텐데
세상은 요지경
자식도 내 뜻대로 안 되는데
흐르는 물처럼 유유히
그런대로 사는 거야

사라진 자연미

인공은 꾸민 것
자연은 그대로
부수고 무너뜨리고
사라진 자연미
그대로의 모습이
진정한 아름다움
개발도 좋지만
자연을 잃으면
안 하느니 못한 짓
자연을 잃을 때
인간미도 잃는다
인공미는 꾸며진 것
소설 쓰듯 만든
겉모습만 번지르르

배앓이

배가 꼬리를 틀었다
비비 꼬듯이 창자를 뒤집고
뒤집힌 창자는
고통에 연신 가스를 뿜는다

요란한 가스 소리
천지를 진동하고
진동소리에 놀란 가슴
토끼가 된다

부글거리는 창자를
쓰다듬으며
조용하라 소리쳐도
성난 창자는
시위하듯 달려든다

투쟁을 멈추지 않는
용맹한 투사는
목소리를 낮추지 않는다

돈

돌고 돈다고 해서 돈이 된 친구
많다고 좋은 건 아니다
돈 친구 좋아하다
배신당한 아픔
가슴에 피 멍든다

돌아 돌아 돈이 된 친구
많다고 행복한 건 아니다
돈 친구 자랑하다
피 흘리는 순교
원통함에 눈물 흘린다

계곡에서

계곡에 몸을 담그니
잉어 미꾸라지 다슬기
친구하자며 다가온다
악수하자며 손 내미니
꼬리 흔들며 도망친다
낯선 친구 인사가 어색한지
이내 사라진다

우루루 몰려드는 그들은
신기한 듯 나를 쳐다본다
가만히 있는 내게 말을 건네려다가
움직이면 어느새 가고 없다

친구하자 즐겁게 놀자
내 말 알아들을까 어느새
그들은 어디론가 가버렸다

칠마회

칠마회
칠순마라톤
파란 유니폼에 새겨진 이름
볼 때마다 절로 고개 숙여진다
저 나이에 마라톤 완주한다는 것
백오리길 극기의 순간
피와 땀이 녹아드는 시간들
늙어도 늙지 않고
청춘보다 강한 힘
어디서 솟았을까
희끗희끗한 머릿결
움푹 파인 이맛살
세월의 훈장 남았어도
청춘아 게 섰거라
노익장은 살아있다
용광로처럼 활활 타오르듯

현대판 놀부

부인 아들 딸 처남 다 모여서
가족회의다
양심상 얼마를 내 놓으면 될까
백억이면 될까
아니야 천억은 되야지
추호의 양심도 느끼지 못하는
돈의 노예
놀부가 왜 벌을 받았는지
놀부 형님에게 물어 봐야지
현대판 놀부 여기 있으니
어서 벌을 내려 주시와요

김치 두 조각

식탁 위에 달랑 남은 김치 두 조각
버려야지 하는데
어머니 김치통에 담아 넣는다
세상에 김치 두 조각을
많고 많은 것이거늘
아까울 것 하나 없는 것이거늘
어머니 왜 안 버리시나요
김치 두 조각이면
밥 한술 더 먹을 수 있다는 말씀
버리는 것이 넘쳐나는 세상
멀쩡한 금 냄비도 버리는 현실
달랑 김치 두 조각도
못 버리시는 어머니
김치 두 조각이면
밥 한술 맛있게 먹는데
김치 함부로 못 버린다
어머니 말씀 때문에

지리산 화대종주

캄캄한 새벽
불빛을 벗 삼아
첩첩산중을 오른다
가도 가도 끝이 없는 길

풀벌레도 잠든 깊은 밤
적막을 깨는 발자국 소리
터벅터벅 아무 생각도 없이
화엄사에서 대원사까지
장장 46 킬로
노고단 연하천 벽소령 세석
장터목 천왕봉 치맡목 대원사

산은 계획되고 준비된
산 지킴이만이 맛 볼 수 있는
완주의 기쁨
지리산은 그들에게만
문을 열어 주었다

조용필

우리는 그를 가왕이라 부른다
사십 여년 세월
그의 노래는 대중의 친구였다
수 많은 히트곡
환갑을 훌쩍 넘긴 나이에도
영원한 우리들의 오빠
그가 가는 곳엔
지긋한 중년 어머니들이
오빠를 부른다
오빠라는 너무도 익숙한 호칭
그는 이십대 때도
육십대가 되어서도
우리들의 영원한 오빠
바운스 바운스
그의 노래와 함께

맥주 한 잔

캔 맥주 한 잔
부추전 안주 삼아 들이킨다
시원한 맥주 향이
몸속으로 빨려든다
하얀 거품과 함께
몸 구석구석을 적신다

무더위에 마시는
시원한 맥주 한 잔은
행복을 전하는 꽃바람
온몸을 시원하게 식혀주는
더할 나위없는 행복 전도사다

너무나도 좋은 선물
무더위에 이만한 선물
어디 있으면 나와 보라고 그래

어느 잉꼬부부

상처한 남편
혼자 살기 적적해
육십대 나이에
이십대 신부 얻었다
손녀같은 신부
사랑하기에
너무나도 잉꼬부부

이십대 아내는
육십대 남편에게
여보 사랑해
육십대 남편은
이십대 아내에게
당신 사랑해

아내 잃은 남편

아내를 잃은 남편이 분노 합니다
얼마나 가슴이 아플까요
아내를 죽인 살인범을
죽도록 저주합니다
판사님 앞으로 쓴 탄원서
제발 아내를 죽인 살인마를
죽여주십시오
남편의 슬픔은
하늘이 무너지는 슬픔
얼마나 분노가 컸으면
죽여 달라고 썼을까
대한민국은 사형폐지국이라는 사실
알면서도
오죽했으면 그랬을까

진정한 고수는

선무당이 사람잡는다 했다
잘 알지도 못하면서 아는 척
진정 고수는 나대지 않는다
하수가 고수인 척
못난 사람 자신을 내세운다
벼는 익을수록 숙인다
자식 자랑 팔불출
알면서도 잊어 버린다
겸양의 미덕
아무리 자랑하고 싶어도
스스로 낮출 때 빛난다

물과 기름

물고랑에 기름이 빠졌다
서로 화합할 수 없는 상대
둘의 힘겨운 싸움
물은 기름을 때리고
기름은 물을 쳤다
물고랑에 빠진 기름은
하늘 높이 치솟았다
사방에 퍼진 기름 파편
살갗에 아픈 자국을 남겼다
부글부글 끓어오르며
폭발하는 힘
따발총 소리같은
굉음을 내며
한참 전쟁중이다

휴가도 못가는

남들 다가는 여름휴가
휴가도 못가는
참 재미없는 인생
길지 않은 인생
일 때문에
제대로 쉬지도 못한다

쉬라고 멍석 깔아줘도
왜 하필 그때
휴가를 즐길 줄 모르는 사람은
인생의 맛을 모른다
풍류를 즐길 줄 아는 자만이
인생의 맛을 느낀다

휴가도 못가는
참 바보같은 인생

부모님과 여행을 떠나요

어른이 되어 결혼을 하고
부모님과 여행해보셨나요
얼마나 자주해보셨나요
나이든 것도 서러운데
외롭게 할 순 없잖아요

부모님과 함께 여행을 떠나요
2박 3일도 좋고 3박 4일도 좋아요
긴긴밤 부모님과 세상 얘기도 하구요
잔뜩 어리광도 부려보세요

부모님께 자식은 영원한 아이
효도가 별거 있나요
부모 마음 헤아려주는 것

부모님과 함께 여행을 떠나요
더 나이 들기 전에
시간 없다 돈 없다 핑계대지말고
지금 당장 떠나요

출근길 지하철

푸시맨은
콩나무 시루 지하철에
승객을 밀어 넣는다
짐짝 나르듯이 밀친다
인간 화물이 된다

발디딜 틈도 없는
협소한 공간
땀냄새가 진동하고
하이힐 굽에 발등 찍힌다
외마디 비명
어디서 나오는 창자 뒤틀리는 냄새
어젯밤 뭘 드셨나
역겨움에 코에 손이 간다

파김치 되기는 식은 죽 먹기
와르르 밀려드는 인간 물결
오르고 내리고
인간 화물은
세차게 요동친다

왜 싸우려고 하는가

평일 저녁 아이 데리고 공원 나온 젊은 아빠
운동장에서 마음껏 뛰놀게 하려는 마음
다섯 살 어린 아들 마음껏 뛰 놀아라
그 아들 운동장 여기저기 내 집처럼 뛰논다
마라톤 운동하러 나온 마라토너들
운동장 트랙에 놀고 있는 아이보고
"아이야! 어서 비켜라 다친다"
염려스런 마음에 소리친다
옆에 있던 젊은 아빠
"알아서 비켜 가야지 아이가 왜 비켜"
오히려 역성이다
"아이 씨......"
누군가의 성난 목소리
"뭐라고 했어"
금방이라도 달려들 태세
아이가 다칠까 염려되어 한 말을
싸울 듯이 덤벼드는 젊은 아빠
무더위 불쾌지수 탓인가
왜들 조그만 일로 싸우려 하는가

부지런한 만남

일년에 한 번
십년에 한 번
살다보면 만나기 힘든 친척들
멀리 있고 바쁘다는 이유로
매일 마주보는 이웃보다 못하다
자주보고 부대끼고 자주 연락하고
얼굴 봐야 정이 살아난다
부부간의 정은
매일 부대끼며 같이 사는 정
몸이 멀어지면 마음도 멀어지듯이
부지런한 만남 속에
정이 싹튼다

시집 한권

시집 한권 주이소
그냥 한권 주이소
시집을 돈 주고 사나
읽어도 그만 안 읽어도 그만
돈 받으려면 그만두소

시를 모르는 사람
단돈 천원도 아깝다
그냥 주는 시집
그냥 읽으려는 시집
읽어 보지도 않고 내 팽겨쳐지는 시집

시인의 눈물과 혼
눈물의 값어치가 고작 천원도 안되나
아무에게나 그냥 나눠주는
헤픈 선물이 아니다

바다와 산

바다 속이 궁금해
바다를 샀다
멋진 옷 입고
바다에 들어가
친구가 되었다

산 꼭대기가 궁금해
산을 샀다
온갖 장식 다 꾸며
산위에 올라
산과 함께 놀았다

바다라는 친구와
산이라는 친구를
모두 만났다
둘 다 좋은 친구다
바다는 포근한 어머니 품이요
산은 넉넉한 아버지 마음이다

청첩장

청첩장은 세금고지서가 아니다
날아오는 청첩장은 반가운 손님이다
아무나 보내지 않는 선물이다
초대를 받는 기분은 너무나도 반갑다
보내는 사람이 나를 알기에
아무에게나 주지 않는 선물을 보낸 것이다

기꺼이 받아들인 청첩장
그 날 그 시각 꼭 가야지
달력에 빨간 동그라미를 그려본다
그 날은 내가 그 곳에 초대받은
VIP이기에

다이어트

여름은 다이어트를 사랑한다
남자든 여자든
유혹을 녹여야 한다
살점을 찢어 버리고
처절할 정도로 인고해야 한다
악마같은 달콤함
냉혹한 인간이 되어 단절해야 한다
살점 떨어져 나가는 날
여름은 즐겁게 웃는다
온통 내 세상된 것처럼

부부가 떨어져 산다는 것

따로 살림사는 부부
영화배우 신성일은
아내 영화배우 엄앵란과
따로 산지 수 십년이다

외로운 노부부가
떨어져 따로 산다는 것
사랑이 귀찮은 탓인가
애정이 달아난 것인가

늙으면 애정도 식는가
부부가 서로 의지해야 하는 나이에
따로 떨어져 산다는 것
얼마남지 않은 인생
두려워진다

외로워야 시가 된다

시인은 외로워서 시를 쓴다
마음 한구석 밀려드는 적막함이
시를 만든다
아내를 잃은 박정희 대통령
아내를 향한 애끓는 마음은
시로써 승화 되었다
사랑했던 님을 잃은 슬픔을
시로써 노래했다

누구나 외로우면 시인이 된다
시를 쓰며 외로움을 달랜다
철저하게 외로워야 시가 된다
시는 혼자서 만드는
숭고한 예술이다

과자

과자는 아이들이 좋아한다는데
어른이 되어서도 좋다
과자라면 뭐든 좋다
어린이가 좋아하는 모든 과자
어른이 되어도 변하지 않는 입맛

오늘도 과자 사러 슈퍼 간다
달콤하고 바삭하고 짭잘한
입에 착 달라붙는 과자의 맛
애 어른이 따로 없다
어른도 과자는 늘 좋다

그 나이에

그 나이에
무엇을 한다고 하면
나이가 문제다

그 나이에
무엇을 할 수 있을까
나이가 뭔데

그 나이에
무엇을 해서는 안되나
나이는 숫자에 불과한데

그 나이에
무엇을 한다고 물으면
왜 내 나이가 어때서

평범한 삶을 살았다면

대통령을 지낸 사람도
국회의원을 지낸 사람도
대기업 회장을 지낸 사람도
한순간에 목숨을 버린다
남부러울 것없는
권력과 지위를 가진 사람이
스스로 생을 버린다

더 이상 오를 곳이 없는
최고의 지위에 올랐지만
명예를 지키지 못한 자존심에
생의 나락으로 떨어진다

차라리 평범한 삶을 살았다면
대통령을 지내지 않았다면
국회의원을 지내지 않았다면
대기업 회장을 지내지 않았다면
자존심 떨쳐 버리고
더불어 즐겁게 살았을 것을

자리양보

경로석에 앉은 젊은이
노인을 보자마자 용수철이 되었다
엄청난 탄력으로 튕겨져 나가는 모양새
미안함이 얼굴에 새겨져 있다

젊은이가 노약자가 된다는 것
자존심이 허락치 않는다
세월이 흐르면 젊은이가 노인이 되기에
자리 양보가 아깝지 않다

젊은이가 노약자석에 앉았다는 미안함
미안함이 용수철이 되었다
일어나서 자리를 양보해야 한다는
자격지심으로

단비

비라도 왔으면 좋겠다
푹푹찌는 이 더위를 청소할
세찬 비라도 왔으면 좋겠다

타들어 가는 대지가 거북등이 되었다
딱딱한 등바닥엔 풀 한포기 없다
목마른 대지의 갈증을 해소할
단비가 주룩주룩 내렸으면 좋겠다

더위와 싸울 용감한 장수
비오듯 흐르는 땀을 닦아 줄 수건
단비가 원 없이 와 줬으면 좋겠다

저임금 근로자

현행 우리나라 노동자 법정근로시간은 8시간
오전 9시에 출근했다 오후 6시에 퇴근한다
오전 3시간 오후 5시간 근무
중간에 1시간 점심시간은 노는 시간
이렇게 주5일을 근무하면 주당 40시간
고희를 훌쩍 넘기시고 팔순이 다 되신 어르신
집에서 소일하느니 용돈이나 벌자고 나선 경비일
하루 24시간 꼬박 근무하는 2교대
하루종일 분주히 주차장과 건물을 오간다
자리 비우지 못해 24시간 떠나지 않는다
그렇게 일한 댓가가 69만 9천원
대한민국 2013년 근로자 최저임금은 시급 4,860원
최저임금에도 미치지 못하는 저임금
나이 많아 서럽고 임금 적어 속탄다
임금 적어도 그 일마저 잃을까봐
속으로 아픈 가슴만 쓸어담고 있다

꼬부랑 할머니

늦은밤 꼬부랑 할머니
굽은 허리 땅에 묻고
산더미같은 폐지 조각
큰가방 끌고 간다

저 나이에 그 깊은 밤에
폐지 조각 주워담고
힘겨운 발자국 옮기는 모습
깊게 패인 주름 폐지 속에 묻힌다

폐지는 할머니 용돈
자식 신세 안지려고
하루 온종일 온동네 구석구석
손길 안 간곳 없다

굽어진 허리만큼이나
굽어진 인생
저 굽은 허리로
할머니 오늘 밤도
폐지 주우러 간다

위대한 승자

포기하고 말았습니다
무더위에 그만 졌습니다
더위에 지친 몸은 고갈되었습니다
엔진이 멈춰 움직일 수 없었습니다
과속하지 않았으나
연료를 충전하지 않았습니다
안일한 생각이었습니다
무더위에 연료가 고갈될 줄은
미처 생각치 못했습니다

이 무더위에도 지치지 않은 이들이
너무도 부럽습니다
그들은 승자입니다
더위를 이기고 자신과의 싸움을 이긴
위대한 승자입니다

마음을 열면

감정이 없는 인간은 없지요
지렁이도 밟으면 꿈틀하는데
인간이 감정이 없을 수 없지요

이왕이면 좋은 말 좋은 얘기
많이 하면 할수록 좋은거고
마음 상하는 말 나쁜 얘기
안하면 안할수록 좋은거겠지요

마음 상한 일 있었나요
이제는 다 털어버리세요
아픈 상처 오래가지면 본인만 손해
앙금이랑 털어버리고 마음을 열면
서로간에 웃음꽃 싸울일 없잖아요

나쁜 말 한마디에 원수되어
이 갈면서 살지 마세요
짧은 인생 웃으며 살기도 모자른데
성질내며 욕하며 살 필요없잖아요

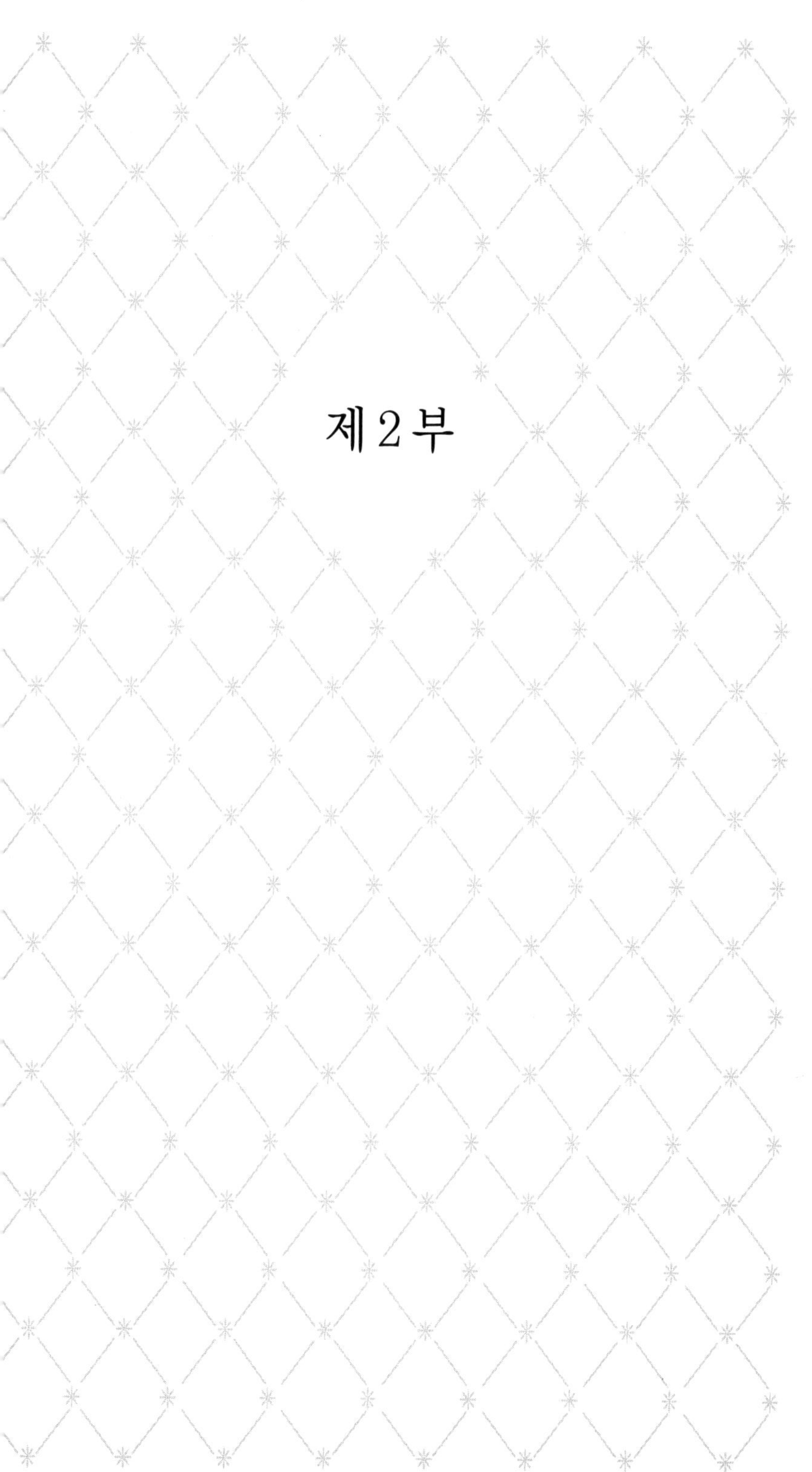

제 2 부

폭염

작렬하는 태양의 눈
바라보는 것만으로도 뜨겁다
온몸을 태우는 열기
용광로 불꽃처럼 녹인다
땀은 비오듯 내리고
옷은 흠뻑젖어 물이 흐른다
시원한 아이스바가 생각나는
한여름은 찜질방이다
남녀노소 옷을 벗어 던지고
여름사냥 나선다
여름아! 게 섯거라

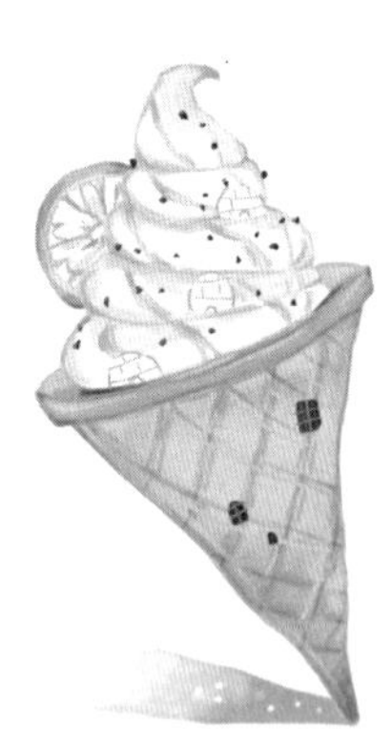

불쌍한 인생

아직도 꿈 속이다
일어나야 할 시간
일 나가야 하는데
이대로 더 자고만 싶다

쫒기 듯 살아가는 인생
원하는대로 뜻하는대로
세상만사 뜻대로 안된다

자고 싶어도 일어나야 하고
쉬고 싶어도 일해야 한다
때론 아무것도 하지 않을 자유
무조건 쉴 수 있는 행복
행복을 모르는 인생
참 불쌍하다

바보 인생

욱하는 그 성질
제 생명 갉아 먹는다

늦게 가면 어떤가
앞서거니 뒤서거니
서로 먼저 가려다
영원히 먼저 간다

제 성질 이기지 못하는
천하의 바보
달리는 고속도로
흐르는 물 멈춰서
누구를 적시려나

참으면 될 일을
제 성질 못이겨
바보인생 되었다

나이타령 몸무게타령

처음 맞선 보러 나간 날
어색한 표정으로 마주 앉은 남녀
오랜 침묵 끝에 남자가 말을 꺼낸다
"실례하지만 나이가 몇이세요?"
여자의 얼굴이 홍당무 되었다

눈치없는 남자는 다시 묻는다
"나이가 몇이나 되셨어요?"
여자 나이를 묻는 것은 실례
그것도 모르는 남자는 첫 만남에서
다짜고짜 나이타령이다
혹 누나뻘 되는 여자일지 모르니까
대답 대신 여자는 고개만 숙인다

염치없는 남자는 다시 묻는다
"실례하지만 체중이 어떻게 되세요?"
여자의 얼굴이 노랗게 변했다
눈치없는 남자는 다시 묻는다
"몸무게가 어떻게 되냐구요?"
여자 몸무게 묻는 것은 실례
그것도 모르는 남자는 첫만남에서
생뚱맞게 몸무게타령이다

수박

사람 머리통보다 농구공보다 더 크다
시퍼렇고 커다란 둥근공
칼을 대고 가운데를 잘라본다
쩌억 외마디 비명에 둥근 몸이 잘린다
잘려나간 허리에 빨간 속살이 보인다
속살은 빨간피다 잘린 허리에서 나오는 피

빨간피를 맛본다 진한 물이 가득하다
온몸에 갈증을 씻어주는 빨간피
한모금 두모금 마셔보니 자꾸 먹고싶다
어느새 빨간피는 바닥을 드러낸다
새하얀 속살 속에 든 피를 모두 마셨다
빨간피에서 나온 물이 입안을 가득 적신다

비구름

하늘이 쪼개질 듯
우렁찬 번개소리

사방은 온통 캄캄
시커먼 비구름이

온세상 사방천지에
굵은눈물 흘린다

작심삼일(作心三日)

시작은 창대하였다
의욕만큼은 누구보다도 강했다
좀더 잘하고 싶은 욕망
잘 될 것 같은 희망
그 결심은 작심삼일이 아니라
하루살이에 불과했다

하루만의 변심
뭐든 처음이 힘든 법
시작이 반이라 했으니
반은 이룬 것이거늘
그 나머지 반을 이루지 못한다
세상 일이 쉬운 것이 어디 있으랴
처음부터 잘 하면 인간이 아닌 것을
작심삼일이면 성공이다
작심하루에 끝나는 일 태반인데

폭포수

하이얀 포물선을 그리며
수직낙하하는 너는
흡사 우리네 인생 같다
떨어지는 빗줄기는
차츰차츰 종착역을 향해 달린다
폭포수가 바위 틈을 비집고
수직낙하 할때
우리네 인생 틈바구니도
땅을 향해 떨어진다
위에서 아래로 내려가는 폭포수는
인생의 내리막을 보는 것 같다

반 년 만에 본 부부

반년을 떨어져 지낸 부부
보고파도 볼 수 없었던 머언 먼 이국땅
24시간을 달려 이역만리 찾았다
드디어 눈물의 재회
반가움이 뼈속 깊이 배어든다

매일 혼자 있을 때 사무치던 그리움
반년 만에 마주보며 회포를 풀어본다
그리웠던 아내와 아이들
반년 사이에 부쩍 큰 느낌
이제 또 헤어지면 반년이 간다
그래 세월은 가도 부부의 정은 깊어만 간다

늦은 밤 전화벨

늦은 밤 울리는 전화벨
혹 무슨 일이라도
가슴이 철렁하는 소리
모두가 잠든 시간
울려대는 전화벨

이 밤에 누가 전화를
다급한 목소리
나를 갈구하는 음성
전화벨은 나를 찾았다
늦은 밤 내가 필요했기에
애타게 나를 부르며
울음을 울었다

사랑하는 님

사랑하는 나의 님은 왜 이리 안 오는 것일까
지금쯤 어디서 무엇을 하고 있는 것일까
보고픈 님은 항상 어디론가 달아나고
나는 한마리 외로운 나비가 된다
이리저리 사랑하는 님을 찾아보지만
님은 아무 소식도 없이 나를 애태운다

님아 님아 소리내어 불러보지만
공허한 메아리만 남을 뿐
사랑하는 님은 일언반구 대꾸도 없다
님을 부르는 애타는 목소리
행여나 님이 들으면 달려올까
사랑하는 나의 님은 언제나 오는 것일까

약속

지키지 못해 죄송해요
아마도 단단히 화가 났을거예요
저도 마찬가지예요
지키지 못할 말을 해서는 안되는데
살다보니 그렇게 되었네요
구차한 변명은 하지 않을래요
잘못은 제게 있어요
아마도 욕심이 많은 탓이겠지요
욕심 때문에 지키지 못할 약속했네요
너무 화내지 마세요
사람이 어디 완벽할 수 있나요
이런 저런 실수투성이
살다보면 다 그럴 수 있다고 이해해주세요

노숙자

집이 없고 돈이 없어
길바닥을 뒹군다
누구 하나 거들떠 보지 않고
남의 눈을 피해 몸을 움추린다
겨울엔 추위를 피해 따뜻한 곳을 찾고
여름엔 더위를 쫓아 시원한 곳을 찾는다

인간으로서 누려야 할 최소한의 행복마저도
하루하루를 살아가는 일이 고난의 연속
누더기 옷 벗삼고 주린 배 움켜잡고
눈물을 마신다 세월을 낚는다
언제 끝날지 모르는 고통
아무도 찾지 않는 쓸쓸한 삶
고독에 눈물 짓는 그들도 인간이다

내시가 된 고양이

내시가 된 고양이
발정 나 암 고양이 찾을까 두려워
수술대에 섰다
외마디 비명을 질러보지만
능숙한 수의사의 가위질에 고환이 잘렸다

고환이 없는 고양이
영락없는 내시다
이제는 암 고양이 찾아 집을 나갈 걱정
한시름 덜었다
말은 안 해도 속으론 많은 눈물 흘렸을 게다

이제는 남자 구실 못하는
평생을 홀로 살아가야 하는 운명
조선조 궁궐에서 평생을 홀로 사는
내시 같은 인생

잠 못 이루는 밤

낮에 쏟아지는 잠이
왜 이다지도 밤에는 쏟아지지 않는가
잠 못드는 밤처럼 고통스러운 날은 없다
나이를 먹을수록 근심 걱정이 많을 수록
잠 못드는 밤은 많아진다

잠이 보약이라고 잠 잘자는 것도 복이다
잠 못 이루는 사람들 많은 세상
이것 저것 생각 수다 떨다 보면
시간은 왜 그리 더디게 가는가
잠 못 이루는 이 밤은 왜 이리도 긴가
외롭고 쓸쓸함에 눈을 부쳐보지만
오늘 밤 잠은 포기해야겠다

묵밥집

고향에 가면 항상 들리는 곳
고향 냄새 물씬 풍기는 허름한 묵밥집
단돈 3천원에 푸짐한 요기
주인 아줌마가 직접 만든 메밀묵
메밀향이 온몸에 퍼진다

묵한다발 가득 담긴 묵밥
열무김치 함께하면
세상천지 최고의 맛
둘이 먹다가 하나가 죽어도 모를
바로 이 맛에 묵밥집을 찾는다

어머니

칠십 넘으신 어머니
1941년 음력 6월 22일생
윤달에 태어나 음력 생일이 없으시다는
어머니 생신은 양력 8월 14일
해방 전 일본 땅에서 태어나
해방을 맞아 다섯살 일본말 소녀로 고국에 왔다

나 칠십 넘으시더니
얼굴에 나이테 선명하고 몸이 예전같지 않다
방금 전 일을 까마득히 잊어 버린다
몇 번이고 했던 말을 또 되새긴다
"치매 검사 받으러 예약했다"
어머니 그 말씀
늙지 않으실 줄 알았던 어머니도 늙어가고 있었다

연못의 풍경

고요한 연못이 천지개벽하듯 요동친다
물고기밥 떨어뜨릴 때마다
어디서 냄새를 맡았는지 몰려드는 오색찬란 색종이들
서로 먼저 먹으려고 눈동자를 돌리며 찢어질듯 입을 벌린다
냉큼 먼저 낚아 채고 쏜살같이 도망가는 모습
먹이를 놓친 허탈함에 연신 입맛을 다시는 쓸쓸함
만감이 교차하는 연못의 풍경은 인생이다
만족감에 환호하는 이가 있으면
아쉬움에 어쩔 줄 몰라하는 이가 있다
연못은 우리가 사는 인생의 축소판으로 흘러가고 있다

문학의 힘

영국은 위대한 문호 세익스피어를 인도와도 바꾸지 않겠다 했다
한 사람의 뛰어난 문인을 얼마나 대우하는지를 보여준 사례다
실로 형언하지 못할 문학의 힘 유구한 역사가 흘러도 살아있다
전국민의 애송시가 된 소월의 진달래 꽃
'나 보기가 역겨워 가실 때에는 말없이 고이 보내드리오리다'
지금도 잊혀지지 않는 너무나도 유명한 시다
목마와 숙녀의 박인환 메밀꽃 필무렵의 이효석 토지의 박경리
이들은 죽었지만 아직도 살아있다
그들의 이름으로 빛나는 문학관이 이들을 기리고 반긴다
문학은 영원히 죽지 않는다 오히려 세월이 흐를수록 빛난다
문학은 영생토록 빛나는 작가의 후손이니까

힐링 한다는 것

힐링 한다는 것
찌든 삶을 벗어나
대자연을 호흡하고
마음을 비우는 일
욕심을 버려야
근심 걱정이 도망간다

힐링을 하게 되면
아프던 머리가 치유되고
침침한 눈이 밝아진다
없던 식욕이 살아나며
의욕이 꿈틀거린며
삶이 춤을 춘다

나 자신을 내려 놓는 일
잡념과 몽상을 버리고
시기와 질투를 없앤다
마음을 깨끗이 씻고
평화롭게 하늘을 본다
세상의 찌든 때를 깨끗이 씻어본다

등대

막막한 바다에 하얀 불빛
뱃사람의 영원한 친구
오랜세월 묵묵히 지켜온 등대
혹여나 길잃을세라
반가운 길동무
거센 풍랑도 세찬 번개도
한마디 불평도 없이
말없이 우두커니 지키고 있다

너무나도 순하고
너무나도 착한 친구
수십년을 한결같이 바다위에
나 홀로 떠있으며
파수꾼이 되어 준 등대
고맙다는 인사 한마디에
제 할일 했다며 반갑게 웃는다

승자

먹이를 향해 달려드는 하이애나
먹고 먹히는 삶의 현장
강자만이 먹이를 찾는다
먹고자 하는 자와 먹히는 자
생사의 갈림길에서
좀 더 강한 자가 살아 남는다

강자가 되기 위한 담금질
사생결단으로 달려간다
황야의 총잡이
찰나의 순간 승패가 갈린다
패자의 길은 죽음의 길
오로지 승자만이 살아 남는다

단골손님

내일 또 올께요
빈말이라도 반갑다
그 말 한마디에 어깨춤
정말 내일 또 올까
참말로 찾아가니
얼싸 좋다 얼굴에 웃음꽃
어제보다 덤 하나
주인 좋고 손님 좋아

내일 또 올께요
인사치레라도 듣기좋다
안 오시면 남이요
오시면 단골손님
정말 또 찾아가니
세상만사 이 보다 좋을수가
푸짐한 주안상이 웃음짓네
주인 미소 손님 만족

여행

나이가 들어도 여행은 흥분되는 것
며칠 전부터 손꼽아 기다리던 날
아이나 어른이나 미지의 세계는
기다리고 또 기다리던 신비의 시간

마음의 흥분은 쉬이 가라앉지 않고
카타르시스가 해소되는 순간까지
지속적으로 요동 친다
기다리던 그 흥분은 온몸을 발기시킨다
식을 줄 모르는 마음은 지체할 수 없고
나도 모르게 탄성을 지른다

이래서 좋은가 보다
새로운 세계를 찾는다는 것이
신비로움이 살아있다는 것이

활어회

살아서 꿈틀거리는 물고기
뜰채에 실려나온다
살아보겠다고 발버둥치지만
시뻘건 피를 토하며
고개를 숙인다

하얀 속살을 드러내며
가지런한 자세로 누운 모습
붉은 피는 온데간데 없고
하얀 살점만 놓여있다
입안 가득 살점을 집어 넣고
그 맛을 음미한다

살아서 움직이던 그 맛
입안이 얼얼할 정도로 취한다
구수한 냄새와 향기
온몸에 짜릿한 전율이 흐른다
싱싱한 맛이 너무도 행복해서

헌혈

한 번 두 번 하다보니
어느새 구십 다섯 번
앞으로 다섯 번만 더
백 번을 채울 수 있다
헌혈 백 번하면 뭐있나
그것보다 더 중요한 건
백 번의 나눔을 실천한
자랑스런 나의 피와 건강
내 몸에 바늘을 꽂고
비닐호수 따라 피를 보내면
하나 가득 채워지는 헌혈봉투
아이스박스 상자에 고이담긴
내 몸에서 빠져나간 기부금은
필요로 하는 사람들에게
골고루 나눠져 아름다운 사랑으로
활짝 웃으며 꽃 피운다

배려의 삶

백년을 사는 인생이라면
오십은 꺾어진 반백년
지난온 생이 남은 생을 역전한다
지나온 생이 화려했다한들
남은 생과 견줄 수 없다
진짜 중요한 생은 여생
나만을 위한 이기적 삶보다
남을 돕는 배려의 삶
살아온 생보다 더 적은 남은 삶
이제는 남을 돌아볼 때

성년이 되던 날

태어나서 이십년
만 스물 생일이 되었을 때
허허허 너털웃음만 나왔다
1987년 양력 4월 28일
최루탄 연기 자욱한 캠퍼스 벤치에서
맞이한 성년의 날
두달 뒤 연세대 2학년 이한열 열사의 죽음과
노태우 민정당 대표의 6.29 선언
대통령 직선제 길이 열렸다
직선제와 함께 시작된 나의 20대 청년기
벌써 26년이 흘렀다
성인이 두번 되고도 남을 시간들
성인이 될 때 기다리던 시간보다
훨씬 더 빨리 가버린 시간
갈수록 빨라지는 KTX

무지개

소나기가 내리고
어느 순간 그쳤다
하늘엔 빨주노초파남보
쌍무지개 언덕이 보인다
저절로 터지는 환성
하늘이 그린 한폭의 수채화
어쩜 저렇게 고운 빛깔이 나올까
좀처럼 보기 힘든 하늘의 그림
잠시나마 옛 생각이 떠오른다
무지개 뭉개뭉개 피어오를때
철수 영희 손잡고
언덕 위 뛰어오르던 일
아련한 추억의 사진첩을 들쳐본다

성재기

그가 죽기 전에는
그의 이름도 남성연대가 있다는 사실조차도
모르는 사람이 대다수였다

그의 죽음은 한편의 영화였다
카메라 앵글이 돌아가는 가운데 몸을 던졌다
하나 밖에 없는 몸뚱아리를 바쳤다
남성연대라는 존재를 알리고
남성 권익을 위한 대 국민 모금을 하기 위해
목숨을 내건 퍼포먼스
반드시 살아 돌아오겠다며 뛰었지만
환상은 깨어졌다

그는 영영 돌아오지 못하고
성재기라는 이름 석자만
국민 앞에 각인 시켰다

제 나이

이제 제 나이로 보인다
까맣게 염색을 하니
내 나이를 찾았다
내 딴엔 까맣게 물들이면
십년은 젊어 보이리라
이제 겨우 제 나이로 보인다니
그 전에 난 십년은 더 산 사람
하기사 백발은 할아버지
40대 젊은 할아버지
염색으로 되 찾은 제 나이
이제 할아버지 소리 안 듣겠네

휴가 가는 날

휴가길은 고생길
떠날 땐 흥분된 마음 고조되지만
집 나가면 개고생
오도가도 차의 홍수
주차장이 따로 없다
요리조리 곡예운전 해보지만
아무 소용없는 헛수고

폭염속에 땀으로 목욕하고
가기도 전에 지쳐 쓰러진다
금강산도 식후경
꼬록꼬록 신호가 부르면
민생고가 우선
여행은 뒷전이다

형을 불러봅니다

형을 보고 싶습니다
형이 떠난 자리는 너무도 쓸쓸합니다
형과 함께 했던 그 시간
울고 웃으며 부디꼈던 시간이 그립습니다
벌써 몇 해이던가요
형이 불현듯 이렇게 제 곁을 떠날 줄은
예전에 미처 몰랐습니다

형 제 곁으로 다시 돌아와 주세요
형의 그 모습 형의 그 체취가 아른거려요
이대로 형을 보낼 수는 없습니다
형이 없는 이곳은 너무도 처량합니다
황무지를 걷는 느낌
캄캄한 밤 산속에서 길을 잃고 헤메는 등산객입니다
형은 버팀목이었고 바다 위 등대였습니다
묵묵히 자리를 지켜왔던 형의 모습은
구세주 예수 그리스도였습니다

주의 이름으로 형을 불러봅니다
예수께서 부활하셨듯이
형이 다시 이곳에 부활의 날개짓을 펴기를
간절히 두손 모아 기도합니다
아멘

가르친다는 것은

누군가를 지도한다는 것은 사명감이다
맡은 바 책무가 있기에 어영부영
구렁이 담 넘어가듯 할 수 없다
배우는 사람은 하나라도 더 배우려고
눈의 쌍지를 켜고 달려든다
눈동자가 초롱초롱 빛날수록
허튼수작은 통하지 않는다
일거수일투족이 그대로 노출되는 순간
책임감에 소리를 올린다
목소리에 힘이 솟고 잔소리가 늘어난다
청량음료가 되어 본다
배움에 목마른 사람들을 위한
시원한 샘물이 된다

마라톤 인생

마라톤은 인생
굴곡많은 세상사
평탄한 길을 걷다가
울퉁불퉁 자갈을 만나고
가시덤불에 찔린다

흐르는 땀은 피로 바뀌고
땀은 소금이 된다
헉헉대는 심장소리
치솟아오르는 맥박의 요동
가슴이 뛰고 팔다리가 노젓는다

힘찬 노젓기에
사공은 저절로 노래 부른다
영치기 영차
좀더 빨리 좀더 멀리
사공의 노젓기는 쉴줄을 모른다

참못난인간

오해였다고
억울하다고
눈물흘리면
용서되는가
어린여제자
맛사지할때
수치감느껴
오죽했으면
진정했겠나
잘못했으면
당연벌받아
스스로나와
잘못뉘우쳐
속죄해야지
남자가울면
참못난인간

잠이 오지 않네요

이 밤 잠이 오지 않네요
어렸을 적 오지 않는 잠을 청하다가
펑펑 운적이 있었지요
제발 잠을 자게 해달라고 기도했지요
기도하다 지쳐 쓰러져서 그만 잠이 들었죠

잠못드는 고통이 얼마나 크다는 사실을
잠을 잘자는 것이 얼마나 행복하다는 것을
잠을 이루지 못하는 사람은 느끼지요
편안하고 만족한 삶은 편한 잠을 이루고
고통스럽고 걱정스러운 삶은 잠을 못 이루지요

이 밤 잠이 오지 않네요
이런 저런 생각이 많아서일까요
행복한 잠의 세상
곤히 잠든 아기 얼굴에서 느껴지는 평화
나이가들수록 잠이 없어지는 이유는
그만큼 삶이 고달프고 괴롭기 때문일까요

새가 된 그

난간을 잡고서 꼿꼿하게 섰다
카메라 3대가 눈을 응시했다
난간을 잡은 두손이 파르르 떨렸다
파아란 물결이 반기듯 다가왔다
양손을 놓는 순간 카메라가 터졌다
이승과 저승을 가르는 순간
공중에 떠 있는 단 몇초
마지막으로 맛보는 이승의 냄새
훨훨 날아 새가 되었다
자유를 찾아 날아가는 한마리의 새
이승에서 못 이룬 꿈을 향해
마지막으로 행한 몸부림
그렇게 날고 또 날아
소리없이 사라져 버렸다

장마

가장 긴 장마
내리고 또 내린다
하늘에 구멍이라도 난 것일까
연일 계속되는 빗줄기

이제 그만 와 줬으면
너무 자주 찾아오니 성가시다
한 두번 올 때는 반가와 인사했더니
시도 때도 없이 찾아오니 찬밥신세다

필요할 때 와 주면 신사
필요 없을 때 와 주면 주책 바가지
꼭 와야할 때 오는 것이
고마운 이유를 이제야 알겠다

자살 퍼포먼스

한강다리 위에 섰다
카메라 3대가 움직였다
하루전 투신 예고
눈 앞에 자살자 있는데
아무도 말리지 않았다

죽어가는 모습 찍는 것이
생명보다 더 먼저였다
자살 퍼포먼스
한강 다리 위에서 투신
카메라는 영화를 찍었다

죽는 모습은 영화였고 쇼였다
수영을 잘하기 때문에
죽지 않을 것이고
살아서 불고기 파티를 할 것이다

하루 이틀 사흘
시간은 흘러가는데
퍼포먼스는 언제 하는가
사라진 퍼포먼스
목숨은 장난이 아니다

호국영령

목숨은 하나 밖에 없는 것
무엇보다 소중한 것
목숨을 돈으로 살 수 없고
담보로 빌릴 수 없다

억만금을 주어도 바꿀 수 없는
소중한 것
그것을 잃으면 모든 것을 잃는다
목숨은 무한대

가미가제 특공대
그들은 천황폐하를 위해
무한대를 바쳤다
그들의 전부를

목숨으로 나라를 구한 사람들
이 세상 그 무엇보다 소중한 것을 바쳤기에
호국영령으로 길이길이
그들의 넋을 기린다

너무도 안타까운 희생

가장 기본적인 안전수칙만 지켰어도
귀중한 생명을 잃지 않았다
바다에 빠진 어린 학생들
그들의 몸에는 생명줄이 없었다
그대로 물속에서 허우적대다가
짧은 생을 마감해야했다
얼마나 살고 싶었을까
살기 위해서 얼마나 버둥댔을까
유족에게는 너무나 끔찍한
안타깝기 그지 없는 희생이었다
조그마한 부주의
그 댓가는 실로 엄청난 것
아아 불러도 대답없는 아이들이여

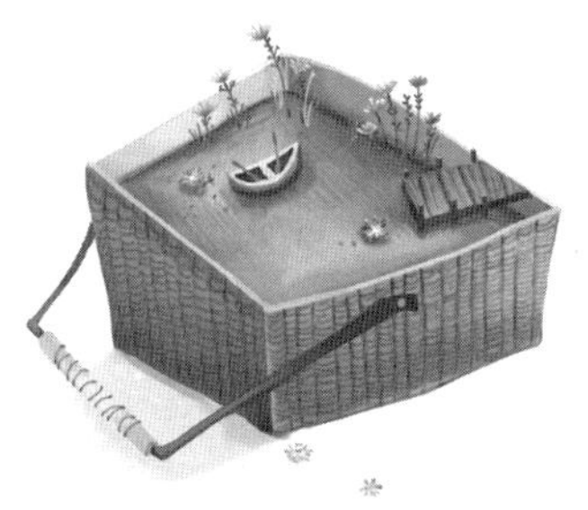

형

형! 그 이름 불러봅니다
누가 형을 뭐라고 해도 믿으렵니다
형의 인내와 노력
결코 잊혀지지 않습니다
성실한 자는 언젠가는 빛을 봅니다
묵묵히 소신을 굽히지 않는 형은
위대한 승리자입니다

삶은 가시밭길 험난한 여정
이대로 포기할 수 없습니다
형의 그 강인한 정신력은
어느 누구도 따라올 수 없는
신의 경지에 이르렀습니다
형은 인생을 즐기는 도인
즐길 줄 아는 삶은 행복합니다
부럽습니다 존경합니다
아무리 힘들고 어렵더라도
형은 계속 전진해 나갈 것입니다
포기를 모르는 형의 도전은
평생토록 이어질 것입니다

구명조끼

구명조끼만 입었어도 살았을 생명들
바다에 생긴 갯골에 빠져
허우적 거리는 그 순간
구명조끼가 있었다면
그 어린 생명들은 떠나지 않았다
바다에서 훈련을 받을 때
구명조끼 착용하는 것은 상식일진데
90명이나 되는 많은 학생들을 구명조끼도 없이
바다에 빠뜨렸다
생명 앞에 장난은 없다
목숨을 내놓고 장난을 칠 수 있는가
이제 다시는 돌아오지 못할 다섯명의 아이들
불러도 불러도 답이 없는 아이들의 메아리
살아 남은 자들의 고통과 죽은 자의 슬픔이
천지를 진동하고도 남는다

건강이 최고

돈이 많으면 뭐하나
시간이 없으면 말짱 꽝
시간이 많으면 뭐하나
돈이 없으면 백수지

돈도 시간도 많으면 뭐하나
몸이 아픈 것을
돈도 좋고 시간도 좋지만
아프면 말짱 허사

돈이야 없으면 없는대로
시간이야 없으면 그런대로
건강이 없으면 한평생 고생
돈도 시간도 건강만 못해

안전불감증

어떻게 되겠지
이 정도면 괜찮지 않겠어
섣부른 판단
안전불감증
무엇보다 소중한 생명인데

억수같이 쏟아지는 빗줄기
생명을 담보로 시작된 일
위험천만한 서커스
일보다 생명이 우선인 것을
안일한 대처로
죽은 자는 말이 없다

울부짖는 유족의 함성
누구를 향해 우는가
다시는 돌아오지 못할
아버지 오빠 형님 아우
소 잃고 외양간 고치기
이제는 그만

천추의 한(恨)

극기훈련이라는 명목으로
어린 고등학생들을 강압적으로
바다에 밀어넣었다
아무런 대비책도 세우지 않고
구명조끼조차 채우지 않았다
이것은 명백한 살인행위
나쁜 어른들이 저지른
아주 극악무도한 짓거리다
피워보지도 못한 어린 학생들
천추의 한이 되고도 남을 일
내 아이가 아니어서 내 동생이 아니어서
그냥 넘어가야 할 일이 아니다
명백한 살인을 저지른 나쁜 어른들은
합당한 처벌을 달게 받아야만 한다
도대체 왜 그 천사같은 아이들이
차디찬 시신이 되어 돌아와야 했는가
그 시각 아이들을 지켜봐야 할 교사들은
곁에 있지 않았다
아무도 아이들을 지켜주지 않았다
유족의 흐르는 눈물은 마를 길이 없다
울고 또 울어도 그 아이들의 빈자리는
멍한 가슴 죽을 때까지 한으로 남는다

밥

밥은 최고의 먹거리
빵 국수 과자 있지만
밥을 이길 수 없어
얼큰한 국물 한사발 김치 한다발
밥과 함께라면
최고의 먹거리다

감히 어느 누구도 근접할 수 없는
밥의 향과 맛
밥은 어머니 손맛
세상 그 어느 것보다도 맛있는
최고의 산물이다

엄마 밥줘
자식의 이 한마디에
엄마의 예술이 탄생한다
엄마가 만들어 준 밥은
미켈란젤로 벽화보다
피카소 그림보다
더 뛰어난 예술품이다

몸치

나는 몸치다
유연성이라고는 눈꼽만큼도 찾아볼 수 없는
뻣뻣하기 그지없는 몸치 중의 몸치
걸음은 팔자 흐느적거리는 팔동작
등은 왜 굽고 목은 왜 자라목인가

느릿느릿한 몸동작은 칠순 노인
이 몸으로 달린다는 것이 기적이다
더위 먹은 병아리처럼 약한 몰골
현기증에 드러눕고 싶다

나는 몸치 중의 몸치
대나무보다 뻣뻣해서 굽어지지 않는다
굳어버린 뼈를 말랑하게 할 수 없을까
매일 뼈에 식용유를 발라야지

너무도 안타까움

강인한 남아가 되어 돌아올 줄 알았는데
이렇게 싸늘한 주검이 되어 돌아오다니
정든 교실엔 국화 송이 덜렁 놓여있네
불과 며칠전만해도 함께 어우르며 노닐던 정든 친구
눈 앞에 친구를 잃은 급우의 침통함을
어느 누가 헤아릴 수 있을까

눈물이 앞을 가리고 솟구치는 슬픔에 목이 잠긴다
이렇게 떠나게 될지 그 누가 알았겠는가
한 마디 말도 없이 순식간에 사라진 다섯명의 급우
열일곱 이팔청춘 꽃 피워보기도 전에
뭐가 그리 급하다고 왜 이리도 빨리 갔는가

밀물 썰물이 오고가는 바닷가
삽시간에 바닷물은 밀려왔다 사라진다
그 위험천만한 곳에서 아무런 안전도 없이
극기를 위한 무모한 도전은 자살행위
얼마나 살고 싶었을까 몰아치는 파도 속에서
허우적 되던 그 모습 상상만으로도 아픈 가슴
두고두고 한으로 남을 그 어린 생명
이제 더 이상 그런 슬픔의 눈물 보기 싫다

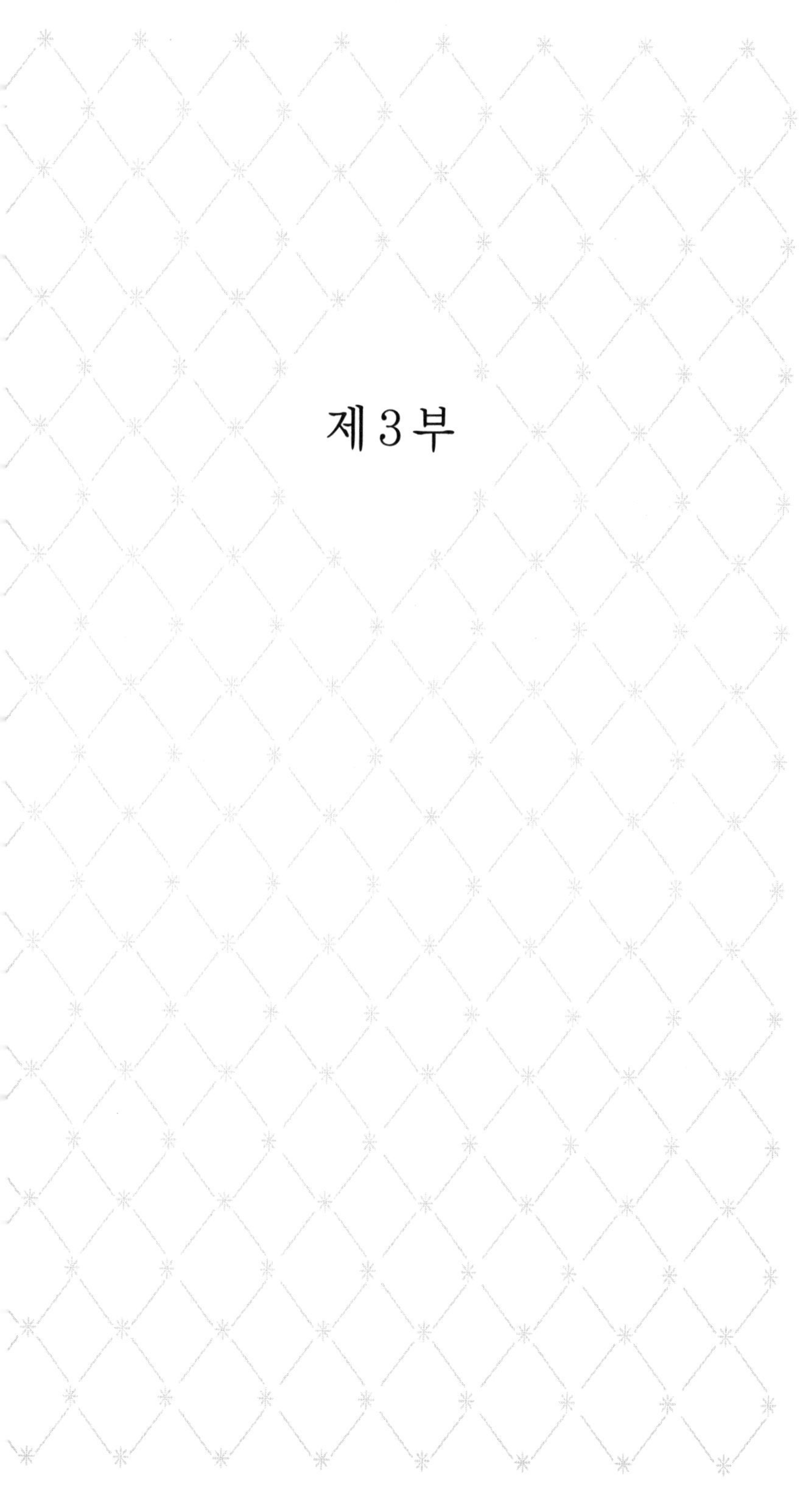

제3부

누구의 책임인가

구명조끼도 없이
바다 한가운데에서 보트를 탔다
보트는 바다 위에 떠 있는 낙엽
낙엽은 약한 바람에도 흔들린다
여지없이 엎어진 낙엽
그 위에 탄 어린 학생들
거센 바다의 파도는 이들을 삼켰다

손 쓸 겨를도 없이
외마디 비명조차 지를 수 없이
피어보지도 못한 어린 꽃나무의 잎은 졌다
무심한 파도는 어린 생명을
인정사정없이 잡아갔다
극기심을 키우려고 나선 해병대 캠프
그 길이 인생 마지막 길이 되었다

구명조끼도 없이
파도치는 바다에 뛰어든 것은
누구의 잘못인가
그 어린 생명을 빼앗아 간 파도는 무죄
어린 생명을 죽게 한 것은
죽음으로 몰고 간 자들의 책임이다

추락

내 몸이 망가지고 있다
형편없이 약해진 체력
마라톤 처음 시작할 때보다
더 저조한 완주기록

하염없이 걸어야 했던
기나긴 여정
포기라는 단어
수 없이 되새기며
겨우 완주

이 무슨 몰골인가
이토록 망가질 수 있는가
망가지는 것은 한순간
방심하다 보면
어느새 끝없는 추락

스튜어디스

남의 일 같지 않다
비행기를 타면 항상 마주치게 되는 스튜어디스
제복을 입은 환한 미소의 그녀들
언제나 그녀들은 웃음을 잃지 않는다

스튜어디스들은 모두 내 여동생
대한항공 스튜어디스였던 내 여동생
그 사실만으로도 그들을 다시 쳐다본다
승객을 업고 맨발로 뛰던 그녀들의 모습
그 안에 내 여동생이 있었다

착하디 착한 그 마음
그녀들은 내 여동생을 닮았다
예쁜 얼굴 착한 마음씨
천사의 마음을 가진 그들은 모두
내 여동생이었다

마라톤

휴일 비 오는 날
쏟아지는 새벽잠을 뒤로 하고
뛰기 위해서 나가는 마라토너들
정말이지 위대하고 대단하다

그 달콤한 새벽잠을 마다하고
벌떡 일어나 나간다는 것이
어디 그리 쉬운 일인가

돈을 버는 일도 아니고
명예를 얻기 위한 일도 아닌데
무엇이 그들을 깨웠는가

비가 오는 휴일 새벽
그들을 일어나게 하는 힘은 무엇인가
그들에게 마라톤은
새벽잠보다도 더 달콤한 것
새벽 공기를 가르며 뛰는
달콤한 솜사탕 같은 것

시인의 사과

"그리운 미친년 간다
간다, 그리운 미친년 기어이 간다" (정호승 시 '유관순'인용)
정호승 시인의 눈에 유관순 열사는
그리운 미친년이었다
시적 은유의 표현인가
유관순 열사가 미친년이 되었다

당연히 유관순 열사의 유족과 애국단체는
반발했다
열사를 미친년이라니
아무리 시적 표현이라고 해도
이해할 수 없는 표현이었다

문제가 되자 정호승 시인은 사과했다
이 땅에 태어나 이 땅에서 살아온
대한민국의 시인으로서 석고대죄하며 참회하고
사죄드려야 마땅한 일이라 아니할 수 없다

문단 데뷔 불혹을 넘긴 시인이
이례적으로 자신의 시에 대해 잘못된 표현이었다고
머리 숙여 사과했다
시에서 써서는 안 되는 미친년이라는 말
좋지 않은 말을 아름다운 언어 시에 쓴다는 것은
아무리 오래된 시인이라도 잘못된 일

귀태(鬼胎)

귀신이 아이를 낳을까
낳으면 그 아이는 귀태
귀신에게서 태어난 아이라는 뜻
아이를 낳지 못하는 귀신
귀신의 아이는 태어나서는 안되는 아이

귀태의 후손은 박근혜
태어나서는 안될 박정희의 딸
야당 원내대변인의 막말
국민이 뽑아 준 대통령을 부정하는 말
말 한마디에 정국이 얼어버렸다

막말 한마디 뱉어 놓고 잘못되면
유감이었다는 말
사과하는 표정에는 아무런 뉘우침도 없고
국민을 우습게 알고
대통령을 부정한다
국민이 뽑아 준 대통령이 귀태의 후손이라면
그 국민은 뭐란 말인가

영웅

투철한 사명감이 없이는 할 수 없는 일
자신의 생명보다 승객의 생명이 더 중요했다
이윤혜, 그녀는 영웅이었다
꼬리뼈가 골절되었다는 사실을 잊은 채
마지막 한명이 구조될 때까지
그녀는 마지막을 지켰다

언제 폭발할지 모르는 긴박한 상황
죽음을 목전에 두고 어디서 그런 용기 솟았나
보통 사람은 할 수 없는 일
우리는 영웅을 보았다
연약한 몸매였지만 그 누구보다도 강한 정신의 소유자
그녀의 머리 속엔 오로지 승객의 안전만이 있었다
단 한명이라도 더 살려야 한다는 절박한 마음
자신의 안위 따위는 생각할 겨를조차 없었다

세계는 놀랐다
진정한 슈퍼맨이 여기 있다고
정의의 사도가 나타났다고
그녀는 슈퍼맨이었고 정의의 사도였다
위기에 처한 승객을 구한 구세주였다
누구나 그 상황에서는 그렇게 했을거라는
평범한 말 속에 들어있는 역설
누구나 할 수 있는 일이 아니라는 사실
자기 먼저 살겠다고 발버둥치는 현실 앞에
남을 구하기 위해 뛰었던 그녀는
진정 우리의 영웅이었다

남산N타워

한강을 굽어보고 우뚝 솟은 남산N타워
1975년 8월생 어느새 불혹을 앞둔 나이
서울 남산의 거대한 탑으로 우뚝 솟은
서울의 에펠탑 서울의 지붕

서울 어느 곳이나 한눈에 바라볼 수 있는
최고의 전망대 그곳을 오르면
구름위에 떠 있는 듯하다
까마득히 작게 보이는 생명체

저 멀리 보이는 인천 앞바다
이 보다 더 근사한 전망대는 없다
40년만에 왔다는 이부터
20년만에 다시 찾아왔다는 이까지

서울 가까이에 살면서도 자주 찾아보지 못한
등잔 밑이 어둡다는 말이 맞는가 보다
서울 사람이 남산N타워 한번 못 올란 경우 허다하니

치마

얼마나 위대한 발명품인가
편하고 예쁘기 그지없는 여성 바지
남자는 감히 입어보지 못하는 옷매무시
한여름엔 얼마나 시원하며
한겨울에도 변신하여 그지없이 따뜻한
이것이야말로 최고의 장식이다

늘씬한 각선미를 드러내놓고
때로는 다리를 꼬아본다
매끈한 다리의 흰 살결이 눈부시다
이 얼마나 아름다운 자태인가
하이힐과 짝궁을 이뤄 최고의 명품을 만든다
이것을 쳐다보는 것만으로도
한여름 더위가 씻은 듯이 가라앉고
한겨울 추위가 소리 소문 없이 사라진다

어느 지인의 상가집에서

91세를 사셨고 편안히 주무시다가 운명하셨다
특별히 앓던 병도 없이 건강하셨는데
이렇게 갑자기 가실 줄은 몰랐다
주무시다가 가시어서 임종을 지킬 수 없었으나
편안히 가신 것으로 위안을 삼아본다

지인의 상가집에 가서 상주에게 들은 말
인간이기에 언젠가는 죽어야할 목숨
마지막 가는 길을 편안히 가는 것도 복이다
자식들 고생 안 시키고
언젠가는 가야할 저 길을 가는 것이기에
크게 여한은 없을 터이다

한 줌 재로 돌아가는 길
육신은 뜨거운 불길에 타들어
흔적도 없이 사라지지만
영정 사진 속의 그 모습은
여전히 자식들을 똑바로 쳐다보고 있다

그래 잘 있어라
그동안 행복했다
언젠가는 돌아갈 세상
조용히 가게되니 원이 없다
영정 사진은 계속 아래를 보고 있었다

거대한 실수

비행기 착륙 준비
안전벨트 사인 내려지고 승객은 긴장한다
서서히 고도를 내린다
육중한 몸매가 사뿐히 활주로와 키스한다
안정된 폼으로 정확한 자세로

바다와 인접한 샌프란시스코공항
아시아나 항공기 방파제에 꼬리 잘려나갔다
정상적인 착륙자세가 아니었다
급격한 고도하락과 급작스런 고도상승
실수였다 승객의 목숨을 앗아가는 거대한 잘못
변명의 여지가 없는 과실
한순간 잘못된 판단으로 잃어버린 목숨
누구를 탓하랴 운명을 저주하랴
슬픈 노래소리 그치지 않는다

인생무상

하루해 짧다
어영부영 보내다 보면 오전 가고 오후 온다
한달 어느 순간 지나간다
월초인가 싶더니 월중되고 월말된다
한해 금방 사라진다
새해 벽두 세운 계획 시도도 못하고 훌쩍 넘어간다
하루 한달 한해가 순간이다

한해가 모여서 십년이 되고
십년이 모여서 인생이 된다
인생 칠팔십은 일장춘몽
어느 순간 왔다가 소리도 없이 사라진다
무상이 따로 없다 흐르는 구름처럼 흘러가는
인생무상

인생은 마라톤

인생은 마라톤
마라톤 인생
수많은 역경과 가시밭길을 넘고 넘어
쉬지 않고 달려야하는 여정

포기하고 싶은 고통이 밀려오지만
참고 또 참아야 하는 것이 인생살이
참다보면 언젠가는 기쁠 날 있어
인내의 고통은 쓰지만 완주의 열매는 달다

골인점을 향해 달려가야 하는 마라톤
최종 열매를 맺기 위한 끊임없는 도전의 연속
쓰러지고 넘어지고 나뒹굴지라도 굴하지 않고 달리는
인생은 마라톤

효도

자식이 생각하는 효와 부모가 생각하는 효는 다르다
자식이 아무리 부모를 봉양하려고 해도
부모 마음에 와 닿지 않는다
어찌 자식이 부모의 아픈 곳을 일일이 헤아릴 수 있겠는가

아무리 지극 정성으로 부모를 봉양한다 하여도
돌아가신 후면 한으로 남는다
살아생전 원 없이 모셔도 남는 것은 후회의 썰물
파도처럼 밀려왔다 사라지는 허무

부모는 많은 것을 바라지 않는다
작은 것에 마음이 열린다
자식이 그 작은 것을 알아주면 좋으련만
어찌 그것을 모르고 마음만 태우는가

이별

오랫동안 사귀었던 친구가 떠나갔어요
떠날 줄 몰랐던 사이였는데
떠난 후에 밀려드는 고독함

이제 언제 돌아올지 모르는 그대
행여나 내일 올까 모레 올까
떠나간 자리가 그리워 돌아보면
애틋한 여운만 휩쓸고 있네요

말없이 떠나간 그대가 아쉬워
그대의 이름을 불러봅니다
너무도 사무치게 보고 싶은 그대를
못잊어 소리치며 외쳐봅니다

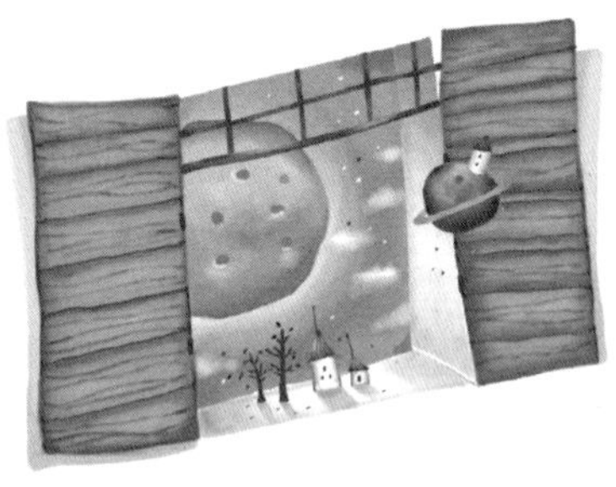

팔순잔치

나 결혼할 때 환갑이셨던 장인어르신
세월이 흘러 어느덧 팔순
2남 1녀 자녀 장성하여
딸린 손주만 8명

며칠 앞으로 다가온 팔순잔치
아들 딸 사위 며느리 손주 온가족 둘러앉고
근사한 상차림에 큰절 올려보네

살아 생전 팔순잔치 베푼다는 것은
자녀의 기쁨
건강하게 사신 기쁨은 하늘의 축복
이 경사스러운 날 덩실덩실 절로 춤이나네

함부로 말할 사이가 있다

동갑내기 조카가 반말이다
스물일곱 많은 지엄마도 말 높이는데
아버지와 같은 항렬
함부로 말 놓을 사이 아니다

이 놈아 너는 예의를 밥 말아 먹었느냐
네 아버지가 내 오촌형님이다
너는 나의 육촌조카다
어디 조카가 아저씨께 반말이냐

어린 것도 아니고
지도 처자식 있으면서
어른 알기를 우습게 아는구나
동갑이라고 친구라더냐
함부로 말할 사이가 있다

주는 행복

멀어도 가야하는 사람이 있다
반드시 찾아야 하는 사람은
아무리 멀어도 열일 제쳐두고 간다
뭘 바래서가 아니다
아무것도 바라지 않고
주기만 해도 행복해지는 사람

자기 것을 가지려고 하지 않고
무조건 주려고 하는 사람
가난해도 욕심내지 않는다
주는 행복 받는 기쁨보다 크다

안도미키

미혼모가 되어도 당당한 그녀
유명 피겨스케이팅 선수 안도미키
그녀는 생명을 선택했다
지울 수도 있는 생명
아빠가 누군지 밝힐 수 없는 운명
그녀의 얼굴에 미소가 살아났다
생명을 지켜냈다는 안도감
차마 버리지 못할 생명이었기에
그녀는 품에 안았다
딸을 안고 활짝 웃고 있는 그녀
아빠 없는 딸의 운명보다
딸을 얻었다는 기쁨의 미소
용감한 그녀 당당한 그 모습
그것은 진정 아름다운 어머니의 모습

수박

한여름의 더위를 싹 가시게 하는 청량음료
빨간 도화지에 검정색 점이 송송 박힌
짜면 붉은 물이 흘러나올 것만 같은
한여름의 보양식

복날이면 삼계탕 보신탕을 찾는다지만
이것 한 덩어리 우지근 집어 먹으면
삼복더위는 저만치 도망가버린다

어른 얼굴보다도 더 큰 우람한 체구
한 덩어리 짊어지면 느껴지는 묵직함
가운데를 싹둑 자르면 솟아오르는 분수
시원함의 대명사 가히 여름의 귀빈이다

문희옥

여고생 때 보았지
어느덧 그녀 나이 마흔 셋
17살 여고생이
40대 중년 아줌마로 변했네 그려

앳된 여고생 모습
내 기억 생생한데
가요무대 나와서 노래부르는 그녀
화려한 복장 세련된 매너

어느새 난 그녀의 팬
40대로 믿겨지지 않는 외모
날씬한 옷매무시
애간장 태우는 목소리

매주 월요일 밤 10시 KBS 가요무대
난 그녀를 만나러 간다
그녀가 노래 부르면
나도 덩달아 노래 부른다
닐리리야 닐리리 닐리리 맘보

오묘한 섭리

하지말라 하는 것은 더 하고 싶고
먹지말라 하는 것은 더 먹고 싶네
보일랑말랑 하면 더 섹시하듯이
보고싶은데 안보면 더 보고싶다

한번 길들여진 맛은 잊을 수 없기에
담배맛에 길들이면 헤어지기 어렵고
술맛에 빠져들면 빠져나오기 쉽지않다
냄새와 향기에 취해서 이별 쉽지않다

안 좋다는 것 알아도 못 끊는 것은
그것만이 가지고 있는 매력
술 담배 해롭다는 것은 삼척동자도 다 아는 사실
그래도 못 끊는 것은 그것의 향수

아무리 모른 채 못본 채 한다한들
보고픈 마음 기대하는 마음 있다면
도저히 끊을 수 없는 것이다
그것이 지닌 오묘한 섭리는 막을 수 없다

돌아와주오

돌아와주오
나의 사랑하는 아들아
어찌 한마디 말도 없이 가느뇨

나의 피와 땀과 눈물로 만들어진 너
어느 누가 우리 아들 유괴했나
나 하늘 끝까지라도 쫓으리

돌아와주오 제발
나의 영원한 동반자여
나 지구 끝까지라도 찾으리

너를 데려간 유괴범
반드시 찾아내어 복수하리라
이 생명 다하는 날까지 반드시

패러디

인기가 있다는 것
오나가나 아는 사람들
여기저기 나누는 인사

누군가를 모방한다는 것은
누군가에 모방 당한다는 것은
인기의 방증

소설 마라톤 공화국
카 세일즈맨 신성범의 세상만사
마라톤 인생
요지경 세상만사

이게 다 무어냐
인기 작가의 자식들
작가의 피와 땀의 결실
모두 다 소중한 내 자식

이름 함부로 부르지 마라

함부로 이름 부르지 마라
야! 너! 임마!
나이 어리다고
입사 늦다고
직급 낮다고
인격조차 낮을쏘냐

회사는 공동체
여러 사람 생활하는 삶의 터전
현주! 상수야!
호칭 팔아 버렸나
회사는 친구 아냐

이름 함부로 부르지 마라
듣는 사람 말 안해도
마음으로 울고 있고
눈으로 보고 있다

음식물 쓰레기

음식물 쓰레기 홍수
다 먹지도 못할 음식 잔뜩 가져와서
먹어보지도 않고 그대로 버린다

음식 버리면 벌 받아
어르신 말씀
세상에는 못 먹어 굶어 죽는 사람도 있다던데
멀리 아프리카에서
가까운 북한까지

음식 버리면 죄인
그것도 못 먹어 굶주리는 하이애나 있는데
배딴지 불렀다고 내팽겨치는가

희야!

희야! 외로워 하지마
너에게는 오빠가 있어
괴롭고 힘들고 어려운 일
인생살이 다 그런거야

때론 즐겁고 기쁘고 행복한 일
있기에 살만한 인생
아무리 힘들다고 해도
산다는 것은 축복

희야! 눈물 흘리지마
너에게는 희망이 있어
고독의 가시덤불 헤칠 수 있는
미래의 꿈이 보이잖아

안전벨트

차를 타면 제일 먼저 찾는 이것
생명을 지켜주는 파수꾼
생명벨트 생명보험

죽으면 모든 것은 끝
억만장자의 억만금
쌓아온 명성과 지위
무쇠보다 단단한 체력

이것은 나를 지키고
가정의 행복을 지키는 수호신
이것이 없다면
한순간 파멸의 길 인생 종착역

맛의 향연

배 고플 때는 무얼 먹더라도 맛있다
배 부를 때는 산해진미라도 먹기 싫다
이것이 인간의 마음

먹어야 산다는 진리보다
먹는 즐거움이 더 하다
배고파서 먹는 것보다
맛있어서 먹는다

지천에 깔린 맛의 향연
배 채우기 위함보다
혓바닥 향유를 위해
오늘도 여행을 떠난다
저 맛의 즐거움을 찾아서

인생살이

고인 물은 썩는다
물은 끊임없이 흘러간다
고인 피는 죽는다
피는 멈추지않고 회전한다
물이 흐르듯
피가 돌듯
막힘없이 흐르는 인생살이

순이

열아홉에 결혼한 순이
스물에 아들 낳고
어딜 가도 아가씨
나 스물다섯 되어
세 아이의 엄마 되어도
누구나 아가씨

스물다섯 세 아이 엄마
시집가서 애 있어도
핫팬티 하이힐
누가봐도 아가씨
나 아줌마예요
결혼해서 애 셋 딸린
순이는 아줌마 아닌 아가씨

호상(好喪)

99년 살았다
백수(白壽)의 삶
백년에서 딱 일년 모자라는

백수는 일백백(百)이 아닌 흰백(白)
호상(好喪)이네요
살만큼 살다갔다고
죽음이 좋을 수 있나

일년을 못 채우고 떠난 아쉬움
간 사람이나 남은 사람이나
안타까움 솟아오르고
슬픔의 진혼곡 그칠 줄 모른다

나 오십 밖에 안됐는데

갓 오십 정도로 보이는 아주머니
작은 글씨 안 보인다네
사십 중반부터 찾아오기 시작한 나이 병
나 사십 중반 넘어갔지만
찾아오지 않아
아직은 쓸만한데

어허 벌써 나 오십 밖에 안됐는데
돋보기 타령이네
세월 지나면 칼날 무뎌지네
눈 코 입 머리 팔다리도

나 오십에 망가진 육신
고작 반평생 살아 놓고
남은 인생 우얄꼬
벌써 돋보기라니

팥빙수

얼음 위에 팥 알갱이 듬뿍
제리, 연유, 떡, 아이스크림
한여름에 만나는 별미
말이 필요없는 피서다
입안 가득 우러나는 팥 향기
그 향기는 아름다운 여인의 내음새

남녀노소 한여름이면
여인의 향수를 맡는다
잘룩한 허리
시원한 각선미와 키스한다

빠져들수록 취해오는
달콤함과 얼얼함에
입가엔 미소가 번지고
가슴 속엔 사랑의 불꽃이 핀다

검고 빨갛고 하이얀
도화지 위에 버무러진 향기
그 향기는 아내 내음새
사랑하는 어머니의 체취

냉방병

직업병이예요
어쩔 수 없어요
손님이 오시니까
한여름의 감기
계속 틀어대는 바람

바깥온도는 33도
불볕더위 속
실내온도는 25도
안 틀으면 안되요
손님이 싫어하시니까
하루종일 틀어요

콜록콜록 연신해대는 기침
남들은 시원하다지만
온종일 맞이하는 차가운 바람
손님 때문에 어쩔 수 없어요
손님이 왕이잖아요

1+1

덤이라는 것
하나 사면 하나 더 주는 것
1+1
이왕 사는 것 덤 하나 있는 것

인생에도 덤이 있다면
하나 밖에 없는 생명
덤 하나 더 있다면
새생명 새출발

하나 더하기 하나
이왕이면 다홍치마
꿩 먹고 알 먹고
도랑치고 가재잡고
1+1
보너스 인생
더하기 인생

청상과부

열다섯 살 시집가서
열아홉에 청상과부
남편은 육이오 동란 군인가서
한마디 말도 없이 떠났다오

이보시오 당신 아들
내 뱃속에 들었는데
아들 한번 안 보고 어디로 떠나셨나
열아홉 청춘 두고 머언길 떠난 낭군

새색시 평생 외로이
아들 손자 거느리며
기억도 없는 낭군 얼굴
오늘도 만나려나 세월을 세어본다

잠

쏟아지는 졸음
밀려오는 하품
온몸가득 피로
잠이최고 보약
졸릴때엔 자야
피곤할땐 휴식
쉬어줘야 해소
피곤하면 고생
잠잘자야 건강
피로해복 명약
잠만한것 없다

일요일엔 쉬세요

일요일엔 쉬세요
토요일도 쉬세요
주 5일 근무랍니다
일주일 중 5일근무

주일엔 쉬세요
쉬지않고 일하면
병들고 탈나요
토요일엔 쉬세요
주5일 근무랍니다

부족한 시간
쉬어줄 수 있는 시간
쉬어야 잘 할 수 있어요
아내에게도 아이들에게도
함께 쉬어주세요

장효조와 최동원

1982년 개막된 한국프로야구
그 가운데 빛나는 두명의 선수
이미 이 세상 사람이 아닌
장효조와 최동원

최고의 타자와 투수로
한 시대를 풍미했던 두 사람
약속이나 한듯이 2011년 9월 떠나간 두 영웅

그 둘이 있었기에 한국프로야구
삼십년 영광이 있었고
이승엽 오승환이 있었다

누가 그들을 영웅이라 하지 않으며
누가 그들을 최고라 칭하지 않겠는가
대한민국 최고의 타자와 투수로
길이길이 빛나는 불사조다

뭘 먹을까

매일 고민되는 일 있다
아침 점심 저녁
뭘 먹을까

아내가 해주는 아침
허겁지겁 출근하다 보면
못 먹는 일 다반사
점심 시간되면
여기저기 기웃기웃
오늘은 어디를 내일은 또 어디를
뭘 먹을 지 헤매는 마음

여름엔 냉면이 좋데
아니야 콩국수가 좋아
아니 육회비빔밥이 좋아
무슨 소리 돌솥비빔밥이 최고

뭘 먹을까
고민 고민하다가
가격표 보고 오늘도 메뉴 찍는다
그래 오늘 메뉴는
가격과 맛이다

유혹

덥기 때문일까
입은건지 벗은건지
허벅지 다 드러내 놓고
겨털깎은 자국 선명하네
가슴골 드러나니
눈 어디 둬야할지

파르라니 깎은 겨털자국
양 젖꼭지 선명하고
팬티 보일랑말랑
알아서 봐 달라는 시늉인가

흔들흔들 꼬리치는 불여우
푹푹한 더위에
마음을 흔드는가
몸을 움직이게 하는가

다방구

어린 시절
다방구는 너무도 재밌는 놀이였다
가위 바위 보
술래잡기
동네 친구 모두 모여
다방구를 외쳤다

엄마가 밥 먹으라고 부르는 소리
우리 꼬맹이 녀석들은
배고픈 줄도 모르고
다방구에 빠졌다

컴퓨터 오락에 빠진 아이들
다방구를 알까
얼마나 재밌는 놀이인지
다방구가 그립다

나이가 들수록

흔히들 세월을 나이에 빗댄다
20대는 20 키로 속도로
30대는 30 키로 속력으로
40대는 40 키로 빠르기로
50대는 50 키로 달린다

인생은 나이가 들수록
속도전이다
몸은 느려지지만
마음만은 빠르다

누군가는 꼭 가야하는 길
그 길을 향한 인생 열차는
나이가 들수록 초특급 KTX다

장님과 귀머거리

장님의 밝은 귀
귀머거리의 맑은 눈
둘은 천생연분
떨어져서는 살 수 없는 사이

장님의 눈이 되어 준 귀머거리
귀머거리의 귀가 되어 준 장님
둘은 평생의 친구
육십년을 하루같이 산 동무

장님이 길을 나선다
귀머거리가 따라 간다
귀머거리는 장님의 나침판
동서남북 길을 따라 다니는 표지판
장님은 귀머거리의 통역관
바로바로 통역하는 동시통역사

고양이

두달 된 새끼 고양이
엄마 품 떠나 우리 가족 되었다
고양이 엄마는 아내
나는 고양이 아빠

두달 된 귀여운 고양이
고양이는 내 아들이 되었다
아내는 고양이를 품었고
나는 고양이를 기른다

하루가 멀다하고 커가는 고양이
우리집 고양이 이름은 코코
아내가 지어 준 그 이름
오늘도 코코 재롱에 하루가 간다

절반의 기대

유월의 마지막
올 한해도 절반이 지났다
어느새 지나가 버린 반년
남은 반년이 반긴다

지나고 나면 항시 남는 아쉬움
돌이켜보면 후회가 머문다
허송세월 이대로 둘 수 없다
뭔가 새로운 시작을 부른다

한해의 절반이 흐른 지금
남은 절반에 대한 기대를 안고
힘차게 앞으로 전진
후회없는 미래를 향해

마라톤 고수

마라톤은 정직한 운동
노력없는 좋은 기록 있을 수 없어
고수는 노력의 산물
노력하지 않고 고수 될 수 없다

마라톤 고수는 피와 땀의 결정
피눈물 흘리며 노력한 결과
절대 고수는 거저 이뤄지지 않는다
남모르는 피와 땀과 눈물 흘려야
마라톤 고수 될 수 있다

그리움

누군가를 그리워 한다는 것은
애타는 목마름

누군가를 사랑한다는 것은
항상 곁에 두고 싶은 마음

만나면 반갑고 또 보고 싶고
헤어지면 아쉬워서
조금만 조금만 더 곁에 있고 싶은

헤어지는 뒷 모습을 바라볼 때
그 모습이 사라질 때까지
마냥 기다리는 그 마음
그 마음은 그리움이며 사랑이다

그리움은 항상 머리 속을 떠나지 않고
자나깨나 생각에 잠긴다
그리움이 사무치면
못잊어 못잊어 한밤을 지새운다

혼자만의 시간

아내도 아이들도 없는 하루
혼자 나만의 시간 즐긴다
책 읽어 보기도 하고
낮잠 자기도 한다
포근한 소파 누워 나도 모르게
스르르 눈 감긴다

오후 4시 주위는 환하다
두어 시간 꿈꾸고 나니
온몸이 나른 몸에 기운이 빠진다
혼자 있는 이 시간 너무 더디다
왜 이리 시간은 공평치 못한가
바쁠 땐 모자르고
한가할 땐 왜 이리도 남는가

제 4 부

여유

약속 장소에 일찍 도착했다
아직 시간이 삼십분 남았다
여유있는 약속 시간은
왜 이다지도 맘이 편할까

뭔가에 쫓기지도 않고
누군가에게 전화 할 수도 있고
친구에게 카톡 보낼 수 있다
이렇게 편하고 좋은 것을

시간에 쫓겨서 사는 인생
허둥대며 사는 삶
여유롭다는 것은 축복이다
기다릴 수 있는 여유는 행복
아주 편한 맘을 즐길 수 있는

의심하지마세요

살다보면 의심날 때 많지요
아내가 때로는 남편이
의심이 의심을 낳지요

직접 보지 않고서
남이 그랬다더라 그랬을거야
추측하지 마세요

의심은 상처되요
불신만큼 아픈 상처 없어요
믿지 못하면 왜 같이 사나요

의심하지마세요
불신으로 충만한 세상
그래도 믿는다면 세상은 행복한 것

시인의 눈

시를 못 쓰는 소설가가 있다
소설을 못 쓰는 시인이 있다
소설가는 시를 못 쓰고
시인은 소설을 못 쓰는가

시와 소설은 한 형제다
서로 같은 배를 탔다
시와 소설을 어렵게 생각하면
아무리 쓰려고 해도 써지지 않는다

쉽게 써야 한다
남들이 봐서 시가 아니라고 생각해도
시인의 눈에는 시가 보인다
시인이 아닌 사람은 시를 볼 줄 모른다

빈센트 반 고호
살아 생전 단 한점의 그림도 인정받지 못했던 그
사후 그의 그림은 금세기 최고의 걸작
살아서 인정받지 못했지만
죽어서야 비로소 화가가 되었다

있을 때 잘해

선배 아버지 하늘나라 가셨네
소파에 앉아서 잠든 채로 가셨다네
여든 네 살 고령이지만
갑작스러운 하늘의 부르심은 몰랐다네

살아 계실 때 몰랐던 사실을
하늘 떠나신 연후에 알았네
아버지의 존재
곁에 살아 있다는 것만으로도
무한한 행복이라는 평범한 진리를

떠나는 길조차 배웅 못한
불효자 아들은 목이 쉬도록 뼈가 부서지도록
불러보지만
먼 길 떠난 아버지는 소식이 없네
있을 때 잘해
없을 때 잘해봐야 무슨 소용 있으리

비를 좋아 하시나요

창 밖에 비가 오네요
연희동에도 비가 내리겠지요
신림동에도 비가 오고 있답니다
비는 공평하게 온 대지에 내리고 있네요
비를 좋아하시나요
아마도 좋아하시지 않을꺼예요
카리스마와 비는 어울리지 않아요
비는 부드러운 남자의 모습
님의 모습은 사하라 사막
아무 것도 없는 텅 빈 모래사장
풀 한포기 나지 않는 황무지
이 비 그치면 황무지에 풀이 돋을까요
님의 마음에도 새싹이 움터날까요

딸만 셋

딸만 셋
남들은 어떻게 생각할지 몰라도
본인은 그것이 좋단다
아들 없어서 서운한 것이 아니라
딸 셋 있어서 행복하단다
아들 있었다면
나 죽어 제사 지낼 새끼
아들만 위할텐데
딸만 셋
어느 하나 싫지 않은 자매들
딸은 마음의 보물
하나도 아닌 셋
천하가 부럽지 않다
딸 셋 가진 부모
자식 농사 참 잘했구려

낯선 길

한번도 가지 않은 길
익숙하지 않은 길은 두렵다
처음보는 사람을 경계하듯
낯선 길은 무섭다

아는 길로 가는 것
그것이 지름길
낯선 길 아무리 빠르다 해도
모르면 소용없다

돌다리도 두드리는 심정으로
신중에 신중을 기해야
두렵지 않고 외롭지 않다
낯선 길은 외롭고 두려운 길

입뒀다 뭐하는가
모르면 묻는 것이 최고의 상책
낯선 길 만나면
입이 최고의 길잡이

신부 자랑

여덟살 어린 신부를 둔 신랑이
아홉살 어린 신부를 둔 신랑에게
그렇게 어린 신부를 둘 수 있느냐
무슨 비결이라도 있느냐

나 원참 둘이 똑 같다
여덟살 어리나 아홉살 어리나
한참 나 어린 신부 둔 것은
피장파장 아닌가
신부가 어리면 신랑이 젊어지고
신부가 나이들면 신랑이 늙는다

이 말대로라면 어린 신부 둔 신랑은
그야말로 금이야 옥이야
신부는 공주이자 여왕

여덟살 아홉살 나 어린 신부 둔 신랑
복에 겨워 한 소리
남 들으라고 자랑 한마디
그래 신부 어려서 좋겠다
젊게 살아서 참 좋겠다

그대는

학처럼 긴 목을 가진 여인이여
백옥보다 흰 피부를 가진 그대여
가냘픈 몸매는 개미 허리 보는 듯하고
빨알간 입술은 앵두보다 붉다

꽃에 나는 향기보다 더 진한 향기
가까이 갈수록 취하는 야릇한 내음새
뭐라 표현할 수 없는 아름다움
그대는 누구신가

그대는 연꽃 아니 장미
하얗고 붉은 아름다움이 진동하는
긴 목을 가진 그대는 하얀 목련
눈부신 섬광을 내뿜는
그대는 비너스

스마트폰

길 걸을 때도
지하철 안에서도
눈 떼지 않는다
전국민의 중독
그 안에 뭐 있을까
보물 있나
남녀노소 가리지 않는다

손바닥만한 크기
음악 흘러 나오고
요란한 기계소리
아리따운 아가씨 목소리 들린다

희희낙락 요절복통
얼싸 좋다 좋을씨구
지화자 좋다
전국민의 장난감
애지중지 놓지 못하네

봉선화 꽃물

매니큐어가 없던 그 시절
꽃잎 꺾어 잘게 부숴
언니 동생 물들이던 봉선화

칭칭 동여 맨
손가락 발가락 사이로
어느새 빠알간 앵두 보이네

행여 물이 덜 들새라
있는 힘껏 동여매고
언니도 동생도 잠이든다

이 밤 지나고 새날이 오면
빠알간 앵두는
더욱 익겠지

임산부

놀라운 신비다
작은 체구에 풍선처럼 부푼 배
만지면 터질듯한
거대한 풍선

저 안에 새생명 움튼다
하루 다르게 변해가는 모습
몸은 하나 두 생명

수억만 마리 정자 중에
선택된 단 한마리
하나의 난자와 짝을 이뤄
저 안에 들었다

부풀대로 부푼 풍선은
어느 순간에 큰 울음 울며
터져 버린다

대한민국 대통령들

이승만 윤보선 박정희 최규하 전두환
노태우 김영삼 김대중 노무현 이명박
박근혜 대한민국 역대 대통령들
1948년 8월 15일 대한민국 수립이후
2013년 6월 현재까지 65년

대한민국은 민주공화국
국민 직선제에 의한 대통령 선출
대통령은 국민의 심부름꾼
국민을 대표하여 일하는 대변인
절대 국민 위에 군림할 수 없다

공과 사를 떠나서
잘하고 못하고를 벗어나서
대통령은 나라의 얼굴
우리 스스로 욕하는 것은
제 얼굴에 침 뱉는 일

북한산 산행

산이 부른다
신록이 춤을 추는 북한산 자락
휴일 등산객 마음을 적신다

5월 5일 어린이 날
불광역 2번출구
새싹처럼 푸른 싱그런 맘으로
배낭하나 등에 업고
6명이 뭉쳤다

최언희 고창희 김순심
김영길 문기봉 신성범
명지대학원 문창과 원우들

오전 10시 조금 넘어
북한산 다람쥐 되어
바위에 몸을 던져본다
한발 한발 기어본다

오전 12시 등짐 벗어
수박, 참외, 청포도, 딸기
육포, 쥐포, 김밥에 술을 비빈다

넉넉함과 여유로움이
비빈 술에 담아든다
북한산 다람쥐 되어
돌아오는 하행길
바위가 가볍다
몸이 날은다

늦둥이

오십이세 나이
세살 아들 데려가면
손자라네
그 아비 그 소리 듣고나면
그 아들 그 소리 듣고나면
아들이 손자 되고
아비가 할아비 되네

늦둥이 데려가면
아들을 손자라네
손자 아니고 아들
늦둥이라면
소스라치게 놀라는 저 소리
얼굴은 환갑
아들은 세살
할아비 늦바람

오십이세 아빠는
환갑 세살 할아비
오십이세 아빠
할아비 될때마다
늘어나는 이마의 그림자

낮술

보글보글 피어오르는 빨간잉크
두부 미나리 고추 콩나물
얼큰한 국물
구수한 시골의 맛

자연스레 당기는 구미
뭘로 드릴까요
참이슬 처음처럼
처음처럼 오케이

대낮에 위하여
한잔이 두잔 되고
두잔이 석잔 되어
얼굴은 홍당무

취기가 솟구친다
얼굴이 닳아오른다
낮술 몇 잔에
정신이 오락가락

집전화

집전화 번호는요
집전화도 있나요
집전화가 뭐예요
요즘 누가 쓰나요
스마트폰 있는데
집전화 상실시대
집전화의 사망
너무 당연한 말투
집전화가 뭐예요
집전화가 있나요
집전화의 외출
집전화의 행방불명
사라진 집전화
골동품 진열대
사라진 집전화
박물관 전시장

내 사랑 마라톤

1999년 10월 중앙마라톤 10킬로
멋모르고 참가한 나의 첫 도전
한시간 여행은 끝났다

발뒷꿈치엔 물이 고였고
양다리는 춤을췄다
심장은 기적을 울리며 소리내 울었다

2003년 3월 2일 서울마라톤
42.195 킬로 기나긴 여행
4시간에서 겨우 23초 모자란
3시간 59분 37초
나의 첫 진짜 여행이 시작됐다

2008년 11월 23일 원주치악마라톤
2시간 59분 52초
신이 놀랐다
꿈인가 생신가
마라톤 2시간대
내 살아생전 불가능을 올랐다

2009년 3월 합천마라톤
마라톤 백번 능선을 넘었다
줄기차게 끊임없이 넘고 넘어
일백번 고지에 깃을 세웠다

2012년 6월 지금
어느덧 189번 42.195 킬로 저 먼 능선을
넘고 넘어 힘차게 달려가고 있다
내 생명 다하는 그 날까지

러브랜드

이곳은 새로운 세상
가장 원초적이고 동물적인 곳
남녀의 원시적 놀이터
본능이 살아 꿈틀거리는 곳

태고에 남녀는 한몸이었다나
남자 갈비뼈가 여자 몸이 되고
남녀는 다시 합해진다
남녀가 합해져서 생명꽃 핀다

부끄럽고 수줍다지만
남녀는 사랑을 마신다
사랑의 묘약
남녀는 서로 떨어지지 않는다
이곳의 남녀는 본드다

이십 칠년만의 술

술 끊은 지 이십 칠년
절대 안마시겠다고 맹세했는데
이십 칠년 만에 저버린 약속

무엇이 그토록 기나긴 세월
잊고 지냈던 음유시인을 만나게 했나
고향친구가 동네 어르신이
여보게나 한잔 하게나 그 말씀에도
가까이 하지 않았거늘

마음의 신이 왔기에
고향친구보다도 부모형제보다도
마음을 열어주는 사랑의 세레나데
그 음악에 취해 이십 칠년을 닫았던
창문을 열고 나팔을 불었다

새끼 새

새끼 새가 죽었다
어미 품 떠난 새끼 새
하루를 못 넘기고
울음을 그쳤다

어미 잃은 새끼 새
아무도 보호해 주지않는 기구한 운명

일제시대 우리는 새끼 새였다
어미 잃은 새끼 새
나라 없는 국민

새끼 새는 더 이상 울지 않는다
하루만에 그친 울음
어미를 갈구하는 그 목소리
나라 잃은 국민의 함성

윤동주 문학관

27살의 짧은 삶
후쿠오카 형무소에서 맞이한 쓸쓸한 죽음
일제의 생체실험 대상자
우리의 대표적 저항시인 윤동주는
그렇게 사라졌다

하늘과 바람과 별과 시
참회록
서시
우리가 교과서에서 봐 왔던
주옥같은 시편들

나는 윤동주를 보았다
그의 숨소리를 들었고
그의 마음을 읽었다
그곳에 윤동주는 살아 있었다
윤동주 문학관
서울 종로구 창의문로 119
윤동주는 그곳에 살고 있었다

길상사

자야 자야
백석은 그녀를 그렇게 불렀다
자야는 백석을 원했으나
백석은 떠나고 둘은 맺어지지 못했다

자야는 백석의 시 한줄이
천억 재산보다 고귀하다 했다
국내 3대요정 대원각
자야는 황진이였다
타고난 미모 우아한 자태

우연히 만난 법정스님
자야는 무소유를 보았다
아무것도 소유하지 않는 해탈의 기쁨
대원각은 길상사가 되었다
자야의 보시
무소유 진리는 마음을 움직였다

서울 성북동 우거진 수풀
도심속 자연이 있었다
고요하고 아늑한 어머니 품속같은
무릉도원 살고 있었다
이곳은 천국
자야가 선물한 극락세계

대한민국

역사는 흐른다
고조선에서 대한민국까지
거쳐간 시대들
반만년 역사
대한민국은 1948년 8월생
환갑 진갑 지났다지만
이제 겨우 예순다섯

유구한 역사 중
아주 적은 나이
대한민국은 울 아빠 나이보다도
울 엄마 나이보다도 어린 신생 공화국

오천년 역사 중
아주 짧은 시간
예순 다섯 먹은 어린아이
울 아빠 막내동생뻘
울 작은외삼촌 동생뻘
이제 겨우 시작이다

술

마시자 한잔의 술
마시자 두잔의 술
마시자 생명의 술
마시면 단축의 술
죽음이 반기는 술
소맥을 즐기는 술
그맛에 빠지는 술
자꾸만 땡기는 술
그러다 병드는 술
남보다 먼저가 술
너땜에 일찍가 술
아내를 두고가 술
정말로 일찍가 술
먹으면 중독돼 술
복부에 기름차 술
고혈압 당뇨병 술
병원이 좋아해 술
정말로 돈되네 술
너땜에 돈버네 술
마시자 단명의 술
마시자 죽음의 술

비 맞고 있는 남자

비 오는 날 비 맞고 있는 남자
옆에 서 있는 여자 우산 혼자 썼다
거들떠도 보지 않는다
그렇게 서 있기를 십여 분
남자는 온통 비에 목욕했다

혼자 우산 쓰고 있는 여자
남자 그 마음을 안다
여자 절대 곁에 오지 않는다는 것을
여자 떠났다
남자 그 자리에 십여 분 더 있었다

여자는 기다리는 존재
기다려도 오지 않자 떠나가는 나그네
남자는 바보
비오는 날 비 맞고 있는 어리석음
여자가 기다리는데 멍청하게

이만하면 됐지

운동선수와 아나운서의 만남
흔한 러브스토리
허정무 최미나부터
기성용 한혜진까지
박지성 김민지 열애인정

김치국일까 뜬구름일까
민지는 지성을 바라본다
지성은 모른다 아직은
팬들은 앞서간다 둘의 결혼
돈과 건강 명예
최고의 신랑감
50 억이 아니라 500 억
남자 이만하면 됐지

깍지마라

구부정한 허리
온통 주름진 얼굴
하이얀 머리털
지하철 계단 밑 할머니 한분

밭에서 지고 온
콩나물 고추 호박 무
길가던 어떤 아줌마
콩나물 얼마예요

천원 단돈 천원
콩나물 값 깍지마라
할머니 천원은 아이들 과자 값
하루종일 밭에 나가 수확한 할머니 땀

콩나물 값 제발 깍지마라
하루종일 앉아 있는 할머니 수고비
더 얹어주지는 못할망정
백원 이백원 깍아 무엇하리

콩나물은 할머니 눈물
애호박은 할머니 사랑
손주 손에 쥐어 줄 과자 부스랭이
제발 할머니 콩나물 값 깍지마라

15년 남았다

입사 20주년
스물다섯 청년은 20년 뒤
중년이 되었다
20주년 기념케이크 절단식
15년 남았다
마흔다섯 동료는 15년뒤
은퇴 걱정한다
아직 아이들은 초등학생
아이들 시집장가 걱정에
다가오는 내일이 무섭다
이십년이 쏜살같이 지나가듯
십오년은 총알보다 빠르겠지
15년을 걱정하는 동료
나 15년 남았다

어르신 말씀

칠십은 넘었을 것 같은 노신사 두명
둘은 친구사이
버스 경로석에 나란히 앉은 친구
요즘 젊은이 꾸짖는 소리

옛날 우리 소시적엔
길을 가다 어른 보면
열번 보면 열번 고개 숙였어
요즘 젊은 애들 옆집 살아도
아는 채 만 채 인사를 몰라

버스 자리 양보하면서 저 인상보소
차라리 나 안 앉고 싶소
마음이 불편해
서서 가니 못하네

요즘 젊은 것들
어른을 몰라 인사를 잊어 먹었어
어디다 뒀을까
집에서 구워 먹으려고 감춰뒀나

에어컨 선풍기 없어도

덥다
이 무더위에 에어컨 선풍기 없다면
옛날 사람들 어떻게 이 여름을

옛날엔 에어컨 선풍기 없어도
덥지 않았다
무소유의 삶
느긋한 생활
풍류 즐기는 마음
이 모든 것이 더위 이겼다

에어컨 선풍기보다
더 시원한 냉방장치
옛날 사람들은 아무리 더워도 덥지 않았다
마음 속 깊이 간직한
냉방장치 항상 가동 되었으니

나 헌혈간다

나 헌혈간다
아흔 두번 째
은장 금장 다 받고
백 번 향해 질주한다

나 헌혈간다
생명수 나눠주러
내 몸 통한 기부
즐거움에 춤춘다

나 헌혈간다
일천 구백 구십 년부터 이십 삼년 간
내 몸에서 분출된 붉은 물
흥겨운 여행 떠난다

나 헌혈간다
기다리는 사람 만나러
애타게 갈구하는 애인 보러
흥분된 설레임으로

고(故) 윤성노

남철로만 알고 있었던 코미디언
그의 이름은 윤성노
그가 죽어서야 비로소 알게 된 이름

한 시대를 풍미했던
명 콤비 남철 남성남
그 중 아우 먼저 떠났다
향년 79세
82세 형은 목놓아 찾았다
아내같은 아우 평생 동반자

이틀 전 아우 봤을 때
웃으며 나눈 농담 한 마디
이렇게 떠날 줄이야

이제 더 이상 왔다리 갔다리
명 콤비 코메디는
안개 속에 묻혔다
남철이라는 그 이름 대신
윤성노라는 새로운 이름으로
국화꽃 향기어린 그 곳에 잠들었다

보령의 맛

해마다 유월이면 열리는 보령의 맛
넘실거리는 파도 작렬하는 태양
푸르다 못해 시리도록 파아란
젊음의 용솟음

그 곳엔 젊음이 있고
남녀노소 어울림이 피어난다
아지랑이 솟아오르듯
안개 자욱하다가 걷히는 순간
파아란 속살이 모습을 보인다

파아란 속살에 몸을 담그면
밀려오는 짜릿한 감촉 울렁이는 느낌
아아 이 맛이다 속살의 맛
유월에 맛보는 상큼한 보령의 맛

행운

간 밤에 좋은 꿈 꾸셨나요
이런 행운 보셨나요
로또랍니다 로또
함박웃음 웃으며 달려가는 저 사람
몸도 다리도 입도 떨려서 말 못하네요

어디서 오신 누구세요
나 로또랍니다 로또에서 왔어요
동문서답
로또에서 온 로또
이런 행운 들으셨어요

어쩜 그렇게 좋을까요
얼굴에 돈이라도 쓰여있는 걸까요
가만 뭔가 스쳐가는 행운의 여신
그 사람 얼굴엔 있을꺼예요
돈을 부르는 여신이

한 젊은이의 용기

열차 경적 울리며 들어오는 순간
술 취해 선로 떨어진 승객
일촉즉발 절체절명 그 순간
어느 누구 선뜻 나서지 못한다
아니 감히 나설 엄두조차 나지 않는다
무엇보다 소중한 내 생명
생명 잃을 수도 있는 찰라
어떠한 강심장과 용기도
나설 수 없는 상황
스물네살 대학생 청년 정영운
몸 던졌다
무작정 한 생명 구해야겠다는 신념으로
자신에게 닥쳐올 위험 잊었다
그대로 두면 한 생명 없어지는 순간
열차 울음소리 들리지 않고
죽음조차 잊었다
쓰러진 한 생명 부둥켜안고
열차 선로 틈바구니 몸 숨기니
바로 그 순간 지나가는 화물열차
생명 구하려는 젊은이 용기
독립투사 못지않고 애국지사 저리가라
그 정신 길이길이 빛나리라

장희빈

희빈 장씨 기구한 운명
숙종 총애 중전되고
왕세자 훗날 경종 어머니였건만
당파싸움 희생양
인현왕후 폐비 민씨
누구나 갖고 있는 여성 질투
그 때문에 단지 그 이유 때문에
사약 마신 가냘픈 여인

질투도 사약인가
왕의 사랑 받기 위한 질투
왕을 사랑했기에 했던 마음
왕은 받아들이지 못해
가냘픈 여인 가슴에 못 박아
어린 아들 남겨두고
한 맺힌 이 세상
두 눈 부릅뜨고 돌아선 여인

평생의 은인

술 취해 선로에 떨어진 그 남자
열차 들어오는 줄도 모르고
죽음이 눈 앞에 있다는 사실 알리없고
삶과 죽음의 갈림길

삼십대 중반
한창 나이 구세주 없었다면
자식 잃은 부모
남편 잃은 아내
아비 없는 자식
허무한 인생살이

지아비를 살려주신 그 은인
아비를 구해주신 천사
백 번 천 번 만 번이라도 머리 숙여
평생 그 은혜 잊지 못하리

시간과 돈

흘러간 시간은 돌아오지 않지만
없어진 돈은 돌아온다
한번 없어진 시간은 영원히 사라지지만
한번 잃어버린 돈은 다시 찾아온다

시간은 사라지면 만들 수 없지만
돈은 사라지더라도 다시 만날 수 있다
시간이 금메달이라면 돈은 동메달이다

바보는 시간보다 돈을 사랑해
금메달 놓치고 동메달 만난다
아차 후회하는 순간 금메달 달아나
동메달 받아봐야 말짱 도루묵

마음이 없으면

마음이 없으면 귀머거리
아무리 알려줘도
수백 번 골백 번 귀따갑도록
아무리 소리쳐도
나는 모르쇠
귀머거리 장님

마음이 없으면
천하절색 양귀비도
평양감사도 쓰레기
구슬이 서말이라도
꿰어야 보배

마음 없는 사람
억만금 준다한들
공염불
나무아미타불
도로아미타불

빌딩 유리 청소부

밧줄은 생명줄
밧줄에서 미끄러지는 순간
아찔한 지옥

밧줄은 가족
밧줄 속에 아내있고
밧줄 속에 자식있네

천길 낭떠러지
한가닥 줄은 친구
한가닥 줄은 인생

밧줄 잡는 순간
삶이 용솟음치고
희망 노래 퍼져

온천지 진동소리
희망 메아리
삶의 터전이여

화장

거울보고 얼굴보고
찍고 바르고
문지르고 색칠하고

이리 보고 저리 보고
두드리고 어루만지고
이러면 좋을까
저러면 예쁠까
얼굴 속에 피어나는 꽃내음

아름다움은
나이를 잊는다
아름다움은
향기를 품는다

이리 보고 저리 보고
이리 찍고 저리 찍고
아름다움이 자란다
얼굴의 미소가 춤춘다

시계

동고동락 5년
한시도 내 곁을 떠나지 않던 친구
나에게 너는 없어서는 안될
소중한 벗

기쁠 때나 슬플 때
너는 항상 내 곁에 있었고
나는 너를 의지했다

어느날 너는 말도 없이
내 곁을 떠났다
네가 떠나던 날
하늘도 울었고
나도 소리내어 눈을 적셨다

너는 한마디 말도 없이
아무런 소리도 없이
내 곁을 떠났고
나는 미친듯이 너를 찾아
네 이름을 불러보았다

보험여왕

매출 100억
연봉 16억
한화생명 정미경 전무
보험인생 13년
가시밭길 문전박대
인생꽃 피었다

억척이 또순이
쓰러지고 넘어져도
오뚜기 인생
보험여왕 등극했네

부와 명예 선물받고
받은 선물 선물하고
인생 도돌이표
얻은 것 돌려주고
돌려 준 것 돌려받아
남은 것 보험여왕
보험의 꽃이요
보험의 에베레스트

선택

두가지 중 하나를 선택할 때
어느 하나를 던져야 한다
선택은 갈등이다
하나를 버려야만 하나를 가진다
선택은 갈대다
이리 흔들리고 저리 흔들린다

아내를 고를 때
집을 살 때
음식을 먹을 때
스타벅스 커피숍 커피 고를 때
선택은 운명이다
하나를 가지면 하나를 버린다

아내도 선택이다
내가 좋아 아내 골랐다
내가 싫으면 아내 버렸다
나도 선택이다
아내가 좋아 나를 골랐다
아내가 싫으면 나를 버렸다

아내도 집도 음식도
스타벅스 커피도 모두 선택
내가 좋아서 선택한 것이다

휴일

휴일은 자유다
구속되지 않는 날
아무것도 하지 않을 자유
무엇이든 할 수 있는 자유

휴일이 없는 삶은 지옥
창살없는 감옥
쉴 수 있다는 편안함이
휴일이 주는 선물이다

아침의 분주함도
한낮의 피로함도
저녁의 괴로움도
휴일은 잊을 수 있다

휴일은 포근한 담요
삶의 오아시스
꺼져가는 생명의 등불
아름다운 여인의 자태

휴일은 생명수
환상의 파라다이스
휴일은 애인이다
이 세상 가장 소중한 애인

마녀 사냥

끝없는 추락
한 순간 실수
엉덩이와 허리
노팬티 알몸
국가적 망신
평생남는 주홍글씨

한 순간 욕정
계속되는 지탄의 메아리
메아리 변명해도
손가락질 이어지고

두문불출 속세 벗어나
산으로 숨을까
바다로 잠길까
하늘로 치솟을까
땅으로 꺼질까

마녀 사냥
한 인간 잡아
배부를 일 있나
마녀 사냥
한 인간 죽여
희희낙낙 기쁠소냐
마냥 사냥
한 인간 없애
기세등등 좋을소냐

인생사

등산과 조깅으로 다져진 몸매
누구보다 강한 체력이었건만
흐르는 세월 앞에 장사 없다
암만 강하다 해도
세월 이길 수는 없어

인생칠십고래희
칠십 넘기고도 십육년
감기 몸살 폐렴되고
폐렴이 목숨 앗아갈 수 있어

중환자실 산소호흡기
거친 한숨 몰아쉬며
지나온 인생 되돌아보니
일장춘몽이어라

의식 있지만
숨쉬는 것도 힘들어
산소호흡기 입에 물고
세월을 탓하랴
늙으면 죽는 것이
자연사 진리인 것을

나 강건하다고
천년만년 살 수 없고
고작해야 백년
팔십여섯해
강건하다고 얼마나 살지

산소호흡기 입에 문
눈가에 이슬이 맺힌다
깊게 패인 주름 사이로
아지랑이 피어오른다

남자의 눈물

강한 남자인 줄 알았는데
아내가 보낸 편지 보더니
연신 눈물 훔치는구나

무엇이 그렇게 슬프던가
남자가 눈물 흘릴 때
그 눈물 의미는 무엇일까

강한 남자인 줄 알았는데
눈물 참지 못하고
연신 떨어지는 굵은 물방울

미안함이던가
사랑이던가
눈물의 의미는
남자가 흘리는 그 눈물의 의미는

아내에 대한 미안함
자신에 대한 회환
많은 사람들이 지켜보는
방송 프로그램에서

창피한 줄도 모르고
부끄러운 줄도 모르고
남자답지 못하게
연신 굵은 물방울 떨어뜨리는
그 남자의 눈물의 의미는 뭘까

감기라는 놈

감기라는 몹쓸 놈이 내게 왔다
이 놈아 너 왜 나를 찾아와서 못살게구느냐
얼른 썩 물러나지 못할까

감기란 놈은 지독하다
내몸 곳곳에 침투하여 괴롭힌다
천하의 몹쓸 놈이 따로없다

이 놈은 나의 기분을 망치며
내 가족에게까지 안 좋은 짓을 한다
아내에게도 이 놈이 찾아왔다

나에게 찾아온 놈이 아내도 찾은 것이다
이 놈아 왜 내 아내까지 괴롭히느냐
어서 썩 물러가지 못할까
이 천하의 나쁜 놈아

감기라는 놈은
아무도 반기지 않는
천하의 나쁜 놈으로
나뿐만 아니라 우리 가족까지 괴롭히고 있다

첫 시집 '내시가 된 고양이' 출간에 부쳐

(마라톤 풀코스 42.195km 200회 완주 기념)

내가 본격적으로 시를 쓰기 시작한 것은 명지대학교 대학원 문예창작학과에 입학을 한 2013년 3월 이후다. 물론 그 전에도 습작으로 시를 여러 편 썼었다. 그 시들을 읽어 보면 내가 봐도 부족한 점이 너무나도 많았다. 시적 은유가 너무도 부족한 어린 아이의 글 같은 느낌을 지울 수 없었다. 그런 내가 시집을 낸다는 것은 어떻게 보면 너무 무모한 도전이었다. 하지만 나는 그 도전을 했고 이렇게 시집을 내게 되었다. 시집을 내고 보니 여전히 부족함이 많다. 첫 술에 배부를 수는 없지 않은가. 이번 시집 발간이 계기가 되어 앞으로 더 좋은 시를 많이 써야겠다는 생각이 들었다.

시를 쓰기 시작하면서 시적 영감이 떠오를 때면 메모를 하는 습관이 생기게 되었다. 그 메모가 나중에 시를 쓰는 좋은 소재가 되었다. 시는 최소한의 언어로 함축해서 쓰는 맛이 있다. 글을 함축한다는 것은 쉽지 않은 일이다. 산문은 생각나는 대로 느낀 대로 길게 써도 되지만 시를 그렇게 써서는 안 된다. 아무리 현대시가 산문시에 가까워졌다고 해도 시에는 일정한 리듬이 있고 운율이 있으며 함축이 있다.

나의 첫 시집에 실린 시는 모두 200편이다. 내가 200편의 시를 첫 시집에 담은 데는 그럴만한 이유가 있다. 이 시집은 나의 마라톤 풀코스 200회 완주를 기념하기 위해서 발간되었다. 나는 2003년 3월 2일 마라톤 풀코스를 처음 완주한 이후 10년 7개월 만에 풀코스 200회를 완주하게 되었다. 200편의 시는 나의 마라톤 풀코스 완주 횟수인 200회와 같다.

이번 시집에 실린 200편의 시는 총4부로 나뉘어 있다. 1부에 각 50편씩 시가 실렸다. 한편의 시가 발표되면 그 시는 작가의 손을 떠나 독자의 평가를 받게 된다. 내 시를 읽어주는 독자가 단 한명이 있다고 할지라도 그는 나의 시를 읽고 평을 할 수 있다. 내 시의 어디가 좋은지 아니면 어디가 나쁜지 하는 평가는 시인 자신은 절대 할 수 없다. 제3자의 입장에 선 독자의 평가가 가장 올바르다. 그 독자가 늘어나서 100 명이 되고 1,000 명이 되어 대다수의 독자가 읽고 감명을 받았다면 그 시는 좋은 시이다.

우리가 익히 들어서 알고 있는 김소월의 '진달래꽃', 박목월의 '나그네', 서정주의 '국화 옆에서'를 나쁜 시라고 평하는 사람은 없다. 이 시는 국민 애송시로 모든 사람들이 좋아하는 시이다. 바로 이런 시가 좋은 시다. 시가 독자에게 감명을 준다는 것은 시인으로서는 최고의 영광이다. 시인은 그 자신이 시를 읽기 위해서 시를 쓰는 것보다는 독자를 위해서 시를 쓴다. 보다 많은 사람들이 자신의 시를 읽고 감명 받는 것을 원하면서 시를 쓴다.

이번에 첫 시집을 내면서 내가 공들인 점은 최소한 나의 시 200 편중에서 단 몇 편만이라도 독자들이 감명 받았으면 하는 시가 있었으면 하는 점이다. 시인은 한 편의 시를 완성하고 나면 뿌듯한 느낌을 갖는다. 이는 등산객이 정상을 정복했을 때의 느낌이다. 목표를 이뤘다는 자기만족이다. 한 편의 시를 완성하기 위해 시인은 심혈을 기울인다. 좀 더 좋은 시를 표현하기 위해 고민한다. 시적 영감이 잘 떠오르지 않을 때는 한 편의 시를 쓰기 위해 몇날 며칠씩 골몰하기도 한다. 하지만 시적 영감이 잘 떠오를 때는 하루에도 몇 편씩 시가 쓰여 진다.

시인에게 있어서 시를 쓰는 일은 너무도 행복한 일이다. 시의 소재가 잘 떠오르지 않을 때에는 괴롭지만 한 편의 시를 완성하고 나면 무한한 기쁨을 느낀다. 시인은 사물을 보더라도 그냥 보지 않는다. 시인의 눈으로 관찰한다. 지나가는 사람들의 얼굴 표정 하나 하나 여행지에서 보고 듣고 느낀 감정 하나 하나가 모두 시의 좋은 소재가 된다. 시를 쓰지 않을 때는 그냥 지나쳤을 일도 시를 쓰게 되면 그냥 지나치지 못한다. 마치 사진작가가 좋은 풍경을 봤을 때 그냥 지나치지 못하는 것과 같은 이치다.

마라톤 풀코스를 200회 완주하는 것은 상당히 힘든 일이다. 나는 그 목표를 달성하는 데 꼬박 10년 7개월이라는 적지 않은 시간을 보냈다. 이번에 출간하게 된 나의 첫 시집에 실린 총 200편의 시는 풀코스 200회를 완주하는 심정으로 썼다. 그만큼 시 한 편을 작성하는 것이 마라톤 풀코스 1회 완주하는 것 못지않게 힘든 일이었다. 마라톤 풀코스를 완주할 때도 쉽게 완주를 하는 대회가 있는가 하면 아주 힘들게 완주하는 대회가 있다. 시를 쓸 때도 마찬가지다. 아주 쉽게 한 편의 시를 쓰는 경우가 있는가 하면 아주 어렵게 한 편의 시를 완성하는 경우도 있다.

부족한 시적 능력으로 시를 한 편 한 편 쓴다는 것은 상당히 힘든 일이었다. 그래서 나는 여러 시인들이 쓴 시를 많이 읽어 보았다. 김소월, 한용운, 서정주, 박목월 등 옛 시인의 시부터 근래에 발표된 젊은 시인의 시까지 두루두루 읽어 보았다. 어떤 시는 술술 잘 읽히고 시적 감흥이 오래 남았다. 하지만 어떤 시는 여러 번 읽어봐도 도대체 무슨 내용인지 이해할 수 없는 시도 있었다. 시가 어려우면 독자는 잘 읽으려고 하지 않는다. 아마도 시를 수험 공부하듯이 읽으려는 독자는 없을 것이다. 그냥 부담 없이 시를 읽으려고 하는 독자들이 많을 것이다. 그래서 나는 되도록 시를 쉽게 쓰려고 노력했다. 내가 술술 부담 없이 다른 시인의 시를 읽었듯이 나의 시를 독자들이 부담 없이 읽기를 바라기 때문이었다.

이번 시집 발간을 계기로 나는 앞으로도 계속 시를 써 나갈 것이다. 시적 감흥이 생기면 그때 그 때 메모하여 한 편의 좋은 시로 엮어낼 것이다. 부지런한 새가 먹이를 많이 낚아채듯이 좋은 시를 많이 쓰기 위해서는 부지런해야 한다. 시를 창작하기 위해서는 많은 시적 영감을 얻어야 한다. 그러한 영감은 많은 경험에서 우러나온다. 좋은 시를 많이 읽고 많이 생각하고 많이 써야만 한다. 시를 많이 쓰다보면 그 중에 좋은 시가 나온다. 아무리 뛰어난 시인이라고 할지라도 모든 시를 다 잘 쓸 수는 없다. 개중에 특별나게 잘 쓴 시가 몇 편 있을 뿐이다.

우리가 신문을 읽으면 세상 돌아가는 것을 알 수 있다. 정치, 경제, 사회, 문화, 스포츠 등 신문을 통해서 우리가 배우는 사실은 상당히 많다. 나의 시 중에도 신문이나 방송을 통해서 보고 들은 느낌을 쓴 시가 여러 편 된다. 나는 그런 시를 왜 썼을까? 그것은 신문이나 방송에서 발표된 사건 사고들이 나에게 무언가 할 말을 남겼기 때문이었다. 때로는 너무도 안타까운 심정에서 때로는 너무도 기쁜 심정에서 그에 대한 나의 마음을 시로 표현했다.

해병대 극기 훈련을 갔던 공주사대부고 학생 중 5명이 바다에 빠져 숨졌다. 이들은 바다에서 극기 훈련을 하면서도 구명조끼를 착용하지 않았다. 구명조끼만 착용했어도 죽지 않고 살았을 것이다. 안전 불감증이 빚은 참사였다. 그 안타까운 사고 소식을 접하고 이를 시로 표현하고 싶은 마음이 생겼다. 아시아나 항공기 추락사건도 마찬가지다. 항공기가 추락하고 폭발했음에도 3명이라는 비교적 적은 사망자가 발생했다. 그 이면에는 항공기 승무원들의 헌신적인 구조의 힘이 컸다. 다친 승객을 등에 업고 안전지대로 대피하는 그 모습에서 투철한 직업의식을 느낄 수 있었다. 이러한 사실들은 내가 시를 쓰는 좋은 소재가 되었다.

나의 부족한 시를 끝까지 읽어 준 독자 분들께 정말로 감사드린다. 나의 첫 시집은 앞에서도 말했듯이 나의 마라톤 풀코스 200회 완주와 함께 탄생했다. 이 시집은 나로서는 무척이나 소중하다. 나의 첫 시집이기 때문에 무척이나 애착이 간다. 그래서인지 이 시집은 나의 자식과도 같다. 이제 걸음마를 시작한 시인에게 첫 시집 발간은 걸음마를 뗀 것처럼 기쁜 일이다. 200 편의 시를 발표하고 나니 당분간 며칠만이라도 푹 쉬었으면 좋겠다. 쉬면서 다시 제 2시집을 위한 준비를 시작해야겠다.

2013년 10월

지은이 **신 성 범**

마라톤 풀코스 42.195km
200회 완주 기념 신성범 시집

내시가 된 고양이

인쇄 2013년 10월 9일
발행 2013년 10월 9일

지은이 신성범
발행·편집인 신수근
편집디자인 김명선

등록번호 제300-1997-103호
주소 서울 관악구 청룡동 1592-9 동산빌딩 403호
전화 02-877-5688(대)
팩스 02-6008-3744
이메일 samuelkshin@naver.com

ISBN 978-89-88125-28-1 부가기호 03810

정가 10,000원